幼兒教保概論

教保關鍵概念與實例分析

Early Childhood Educare:
Key Concept and Case Analysis

【第二版】

吳金香　主編

吳金香、林家蕙、張淑玲、黃娟娟、
朱如茵、陳昭如、張茂源　著

作者簡介

吳金香【主編】
學歷：美國 University of Northern Colorado 教育學博士
經歷：國立嘉義大學教育學系系主任
　　　國立嘉義大學國民教育研究所所長
　　　國立嘉義大學教育行政與政策發展研究所所長
　　　中州科技大學講座教授兼幼兒保育系系主任、學術副校長
　　　環球科技大學特聘教授兼幼兒保育系系主任
現任：國立嘉義大學教育學系暨研究所兼任教授

林家蕙
學歷：國立嘉義大學國民教育研究所幼兒教育組博士
經歷：稻江科技暨管理學院幼兒教育學系兼任講師
現任：雲林縣正大幼兒園園長
　　　國立虎尾科技大學文理學院課程委員

張淑玲
學歷：國立嘉義大學國民教育研究所幼兒教育組博士
經歷：幼稚園教師、園長
　　　崇仁醫護管理專科學校附設幼稚園園長
現任：樹人醫護管理專科學校幼兒保育科科主任

黃娟娟

學歷：國立嘉義大學國民教育研究所幼兒教育組博士

經歷：國立嘉義大學附小附幼教師兼園長

國立嘉義大學幼兒教育學系兼任講師

吳鳳技術學院幼兒保育系兼任講師

現任：台灣首府大學幼兒教育學系兼任助理教授

朱如茵

學歷：國立陽明大學臨床護理研究所碩士

經歷：國立台中護理專科學校實習指導教師、兼任講師

振興復健醫學中心護理師

彰化縣南區社區保母系統區主任

現任：中州科技大學幼兒保育系講師兼保母系統主任

陳昭如

學歷：國立嘉義大學幼兒教育研究所碩士

現任：國立嘉義大學國民教育研究所助教

張茂源

學歷：國立嘉義大學國民教育研究所教育博士

經歷：國小教師、主任、校長

國立嘉義大學師範學院教育學系兼任助理教授

吳鳳科技大學幼兒保育系兼任助理教授

環球科技大學幼兒保育系兼任助理教授

中州科技大學幼兒保育系兼任助理教授

二版序

　　提供幼兒完善的教育與福利是全球共同趨勢，亦是舉世關注之政策議題。隨著《幼兒教育及照顧法》（簡稱「幼照法」）於2012年1月1日施行，由於招收年齡重疊、主管機關不同、幼稚園及托兒所經營者商業運作而衍生師資標準不同、課程教學品質不同、管理各異等存在已久的問題終獲解決。

　　觀諸我國當前與幼教有關的人口結構變化，出生率銳減，新住民子女、獨生子女、單親與低收入家庭子女增加等，在在都衝擊著幼兒園教育人員的教學與幼兒園的經營。本書捨棄傳統教保概論教科書的章句敘述方式，而以「關鍵概念」（key concept）為主軸，說明「幼兒教育與照顧」（Early Childhood Education and Care, ECEC）〔簡稱為「教育照顧」（Educare）〕之綜合性服務的新興概念。書中內容分別闡述「幼兒教保政策」、「幼兒園經營與管理」、「幼兒課程與教學」、「嬰幼兒發展」、「嬰幼兒照護」、「特殊幼兒教保」及「新住民幼兒教保」等關鍵概念。每個「概念」（concept）雖是「基本」，卻甚為「重要」且「關鍵」。希望藉由本書的闡述，幼兒「教育」與「保育」能在最基本的觀念上達成「合流」，攜手並進，共同為幼兒教育與照顧尋找生機與出路。

　　二版書修訂部分主要為第二章「幼兒教保政策」。《幼兒教育及照顧法》（簡稱幼照法）公布實施後，幼兒園設立及其教保

服務、幼兒園組織與人員資格及權益、幼兒權益保障、家長之權利及義務、幼兒園管理輔導及獎助以及相關罰則，都有明確規範。特於第二章作一整理，協助讀者了解幼兒教保新趨勢，以掌握先機。

　　本書得以順利再版，首先要感謝心理出版社的協助，以及本書各章的共同作者——家蕙、娟娟、昭如、淑玲、茂源及如茵，他們都是十分資深的幼兒園園長及大學學術研究人員，因為大家的投入，才使本書得以順利問世。作者才疏學淺，疏漏之處在所難免，尚祈各位教育先進和讀者們惠予指教是幸。

吳金香

謹識於 2013 年 10 月

初版序

　　筆者自 1984 年獲得美國教育博士學位後，即返回故鄉至嘉義師專（今日之國立嘉義大學師範學院）任教，從幼教、小學師資養成階段至今參與幼兒教保專業已將近三十寒暑，也算是資深的幼兒教保學者，有幸見證台灣的幼兒教保發展歷史，一路走來真是百感交集。

　　我國現行法令由《幼稚教育法》及《兒童及少年福利法》規範學前幼兒教育及照顧之權責。兩法令因各自以主觀的觀點規劃，未全盤統整教育及福利並存的需要，再加上《幼稚教育法》立法年代久遠，已不符社會發展所需，因此行政院院會於 2009 年 2 月底通過《兒童教育及照顧法》草案，送立法院審查中。《兒童教育及照顧法》草案規範零～十二歲嬰幼兒的照顧及教育，讓所有從事兒童教育及照顧業務的從業人員及機構，皆由適當的主管機關依據合乎社會發展、人民期望的法令管理，是我國兒童教育及福利系統與資源整合的第一步，有益於零～十二歲兒童之教育、福利權益的完整保障。

　　幼托整合政策執行在即，本書試圖以「幼托整合」的觀點，捨棄傳統教保概論教科書的章句敘述方式，而以「關鍵概念」（key concept）為主軸，說明「幼兒教育與照顧」（Early Childhood Education and Care, ECEC）〔簡稱為「教育照顧」（Educare）〕之綜合性服務的新興概念。書中內容分別闡述「幼兒教

保政策」、「幼兒園經營與管理」、「幼兒課程與教學」、「嬰幼兒發展」、「嬰幼兒照護」、「特殊幼兒教保」及「新住民幼兒教保」等關鍵概念。每個「概念」（concept）雖是「基本」卻甚為「重要」且「關鍵」。希望藉由本書的闡述，幼兒「教育」與「保育」能在最基本的觀念上達成「合流」，攜手並進，共同為幼兒教育與照顧尋找生機與出路，即是本書出版最大的遠景與期望。

　　最後感謝本書各章的共同作者——家蕙、娟娟、昭如、淑玲、茂源及如茵，他們都是十分資深的幼兒園所長及學術研究人員，更感謝心理出版社惠允出版本著作，讓本書作者團隊的理念能夠藉由較簡明扼要的方式呈現。

吳金香

謹識於中州技術學院幼兒保育系

2009 年 5 月

目次

第三章　幼兒園經營與管理／057　　　　吳金香、林家蕙

第四章　幼兒課程與教學／085　　　　張淑玲、黃娟娟

第五章　嬰幼兒發展／111　　　張淑玲、林家蕙

第七章　特殊幼兒教保／159　　　　　　　黃娟娟、吳金香

第八章　新住民幼兒教保／185　　　　　　張茂源、吳金香

吳金香

　　早在 1980 年代，台灣「幼托整合」的概念剛剛萌芽，幼教人無不引頸期盼幼兒教育的未來更美好。雖然《幼稚教育法》自 1981 年公布至今並無其他新法取代，但是隨著 1994 年將《師範教育法》修訂為《師資培育法》、2003 年公布《兒童及少年福利法》的步伐，帶動幼教生態不斷演化，近十年隨著加速推動「幼托整合」、社會變遷需要，以及因應選舉策略，幼教政策更是風生水起，如 2001 年開始發放「幼兒教育券」、2004 年實施「扶持五歲弱勢幼兒教育計畫」、2007 年實施「友善教保服務計畫」、2010 年實施「五歲幼兒免學費教育計畫」等。其中更因爭取「幼教券」福利、《兒童教育及照顧法》草案中的「定型化契約」等攸關私立幼托園所生存而引發「1201 為幼教而走」的遊行抗議活動。雖然整合的方向是正確的，但是政府一連串快速制定推行的政策無疑是基於行政管理的立場，卻忽視現場從業人員的支持和參與，以及完整的配套措施，因而引起人心惶惶，影響社會安定。

　　隨著《幼兒教育及照顧法》（教育部，2013）公布實施，本章針對《幼兒教育及照顧法》逐一審視，從未來幼托整合發展的危機和轉機角度，深入研議並提出可行配套，期能有助於幼托整

合政策的順利推展。

一、零～六歲兒童之教育、福利皆受立法完整保障 VS. 上有政策下有對策

我國現行法令由《幼稚教育法》及《兒童及少年福利法》規範學前幼兒教育及照顧服務之權責。而兩法令因各自以主觀的觀點規劃，未全盤統整教育及福利並存的需要發展，再加上《幼稚教育法》立法年代久遠（1981年立法，2003年修法），已不符社會發展所需。社會因變遷衍生婦女就業的托育服務需要；少子化現象對專業育兒知能的依賴；父母望子成龍成鳳的傳統心態而衍生出滿街「美語安親班」、「美語補習班」招牌林立之亂象；「托嬰中心」及「居家保母」需求龐大，卻時有虐童的社會新聞出現；其皆因法令的不足而「無法可管」，敗露我們的兒童及少年的社會防護網是多麼稀疏。

因此《幼兒教育及照顧法》規範零～六歲嬰幼兒的照顧及教育，讓所有從事兒童教育及照顧業務的從業人員及機構，皆由適當的主管機關依據合乎社會發展、人民期望的法令管理，是我國兒童教育及福利系統及資源整合的第一步，有益於零～六歲兒童之教育、福利權益的完整保障。但是現行關於零～二歲居家照顧的保母，因為婦女補助的政策已經上路，早就暴露出專業證照保母不足、主管機關人力缺乏及保母再進修等問題，街頭上充斥的不合法托嬰中心及隱匿於巷道中的不合法保母到底該如何執法？或者一如以往的執法經驗，只管合法機構，而用消極的態度面對不合法、未立案的機構？那麼隱身於這些機構內的孩童（多為弱勢族群）該向誰爭取兒童人權？

二、幼托機構管理一條鞭 VS. 鞭長莫及

我國幼托機構以往依據不同法令各由不同主管機關管理,卻同樣收托同年齡幼兒(3～6 歲),形成幼托的二軌制度,有違「教育機會均等」的教育理想。其中差異如主管機關、法令依據、教師資格、設施與設備、課程與教學等。

幼托整合的重大工程即在改善此一不合理現象,期望達成管理標準的統一與行政管理單位的一致,以保障幼兒最基本的教育機會均等。但是教育行政單位、社會福利單位多年來已各自因應社會的變遷,與各自主管的幼稚園和托兒所演化出不同的管理細項(諸如師資培訓、設備標準、管理文化等),是否能在新法令實施的同時弭平差異,真正達成由同一主管機關根據同一標準執行管理一條鞭的初衷,或是迫於現實一再退讓標準(如不合法幼托園所的立案;師資的標準;合作園所理念遭抗爭即放棄;眾多環境、師資、教育理念不良的幼托園所就地合法),主管單位以推託、睜一隻眼閉一隻眼、虛與委蛇的態度,再蹈 1968 年九年國教剛實施時,犧牲教育品質卻宣稱教育提昇之假象的覆轍。

三、教育機會均等的實踐 VS. 浪費社會成本

隨著自由民主意識的發展,教育被視為是一項基本的人權。「教育機會均等」(equality of education opportunity)的理念即是人權平等觀念的延伸。教育機會均等的積極意義是指接受教育的最低年齡限制、接受教育的過程所受的人為與環境資源、符合個人差異的教育方式使個人潛能得以開發的機會等均相等。因此在

幼兒教育上應指接受學齡前教育的最低年齡、接受相同品質課程活動、教師素質等機會均等。我國因為幼托法令各異，實際上，各鄉鎮村里托兒所或偏遠地區幼托機構所收托的弱勢幼兒，由不合資格的教師任教，或以經濟利益考量的高收費幼托機構變相迎合家長需要，從事不符幼兒身心發展的課程活動，形成同年齡幼兒接受不同幼托品質的「教育機會平等假象」，違反教育機會真平等的理念。

2004 年起，「扶持五歲弱勢幼兒及早教育計畫」及擴大為一般地區幼兒的「扶持五歲幼兒教育計畫」、2010 年起實施的「五歲幼兒免學費教育計畫」，在在都促成免費教育理念逐步施行。「國幼班」的確改善了偏遠地區弱勢幼兒的教育品質，經費的補助也減低家長的經濟負擔，然一般地區因私立幼托園所改革的阻力大，對於教育品質的提昇困難重重（如「友善教保計畫」、「合作園所」的提昇教保品質理念遭抗爭）。幼兒教育實際上包含零～六歲，不僅僅是現行補助辦法中的五歲幼兒，如果幼兒教育政策不能完整規劃，將私立幼托園所納入共同合作之夥伴，將使之成為日後改革的最大阻力。對私立幼托機構的發展也僅是頭痛醫頭、腳痛醫腳、見招拆招，用一套不良政策代替另一套過時政策，徒然浪費社會成本。

四、師資品質提昇 VS. 向下沉淪

師資的良窳決定教育品質的高低，值此幼托整合之際，幼托從業人員素質能否提昇更是影響幼托整合能否成功的關鍵因素。《幼兒教育及照顧法》中將幼稚園教師與托兒所教保員做一元化的定位，並由原《幼稚教育法》規範「四～六歲幼兒每班配置兩

名幼教師」改為「五歲幼兒每班一名幼教師，一名教保員」，其實是順應社會現況師資不足所作的讓步。然《幼稚教育法》自1981 年立法至今，將近三十年來，合格師資的供需都無法妥善處理好，如今更採行專業退步的妥協立法，無怪乎政府備受教師專業團體及學術團體抨擊。今後如何完整配套，培育合格優質的師資，真正提高幼托機構從業人員素質，或是等需要時再次修法降低標準？師資品質不僅影響師生教學互動的品質，更是影響教育改革能否成功的因素；九年一貫課程的教育改革失敗歷程已經提供了前車之鑑（台北市教師會委託民間民意調查中心 TVBS 於2003～2004 年間調查教育改革教師意見，發現有九成四的受訪教師認為政府制定教改政策時，未考量基層教師意見，可見教改並未得到教育現場教師的支持）。雖然教改失敗的原因繁多，但是學生、家長、教師難以適應是重要因素之一（楊朝祥，2004）。教育改革工程浩大，絕非所有利益相關團體代表能在圓桌會議中妥協完成的，現場教師更是影響改革成效的重要因素。教育大師Bruner 更指出，任何一種改革都不能不以成人積極而誠實的參與為基礎——也就是說，要有心甘情願且準備十足的教師，來給予和分享，來安慰和支持（宋文里譯，2001）。同樣的，現場工作的幼教師也將決定幼托整合是否成功。師資培育是否能跟上幼托整合重要政策的需要，培育出能帶動成功整合的師資，或僅是應付整合需要的人力缺口；如果政策只考量這些，嘗到整合失敗及幼教品質惡化之惡果也是可預見的將來。

　　過去師資培育由公私立大學院校設有「師培中心」負責「幼兒園」師資培育，課程偏重教育；各技職校院幼保科系負責教保員培育，課程偏重保育；幼托整合後需要的是教保素養兼備的通才，幼教師資培育如何一元化，並培育出將來幼兒園需要的師

資，將是今後師培法改革的重點。

再者，幼兒園教師採分級制設計雖是進步的表徵，然目前卻未設計出教師分級制流動的管道，是否擔任教保員就註定一輩子擔任同一職位，無法經由在職教育取得教師資格，而大專院校教師同樣為分級制，卻可經由一定管道升等？

未來如何兼顧幼托整合後幼兒園教保品質的提昇，引領幼兒教保走向進步的前瞻性發展，至關重要。

五、「教育、照顧」整合服務社區化 VS. 疊床架屋各自為政

《幼兒教育及照顧法》規劃將零～六歲的教育、照顧皆在社區中完成；社區逐漸取代家庭的教育、照顧功能，同時也扮演教育諮詢窗口。因此，社區休閒（如社區公園、社區休閒活動辦理）、社區保健（衛生所、區域型醫院、家庭醫生）、社區學校（國中小、幼托機構、早療機構）、社區圖書館（鄉鎮圖書館）都應共同負起社區教育、照顧的功能，並能互相合作，形成完整社區教育、照顧網絡，提供完整社區教育、照顧服務。筆者曾以社區幼稚園出發，邀集社區圖書館、社區國小、社區中的大學為主辦協辦單位，於社區公園辦理社區家長教育活動。各單位協助宣傳招生、工作人力調配、經費申請等，因合作的機會增進彼此間的了解，更於閒談間討論起某位小朋友的幼小銜接教育經驗。也曾經發生社區中各單位於同一月份舉辦「外籍配偶親職教育活動」，讓外籍配偶趕場式的參與活動，像是在消化用不完的預算。社區將在教育上扮演越來越重要的角色，從前各單位各自為政的作風若不改變，將會形成各單位各自運用資源，形成疊床架

屋、浪費資源且凌亂無效率的情況。

六、教育研究發展 VS. 幼教品質發展停滯

任何教育改革都不能脫離教育研究（吳武典，2004），我國幼兒教育與保育目前正處在政策變化迅速、重要政策實施之際，如何使幼兒教保從亂象中，最終走上秩序，更須依賴幼兒教育研究的結果作為行事依循，鼓勵幼兒教保相關研究、現場教師行動研究，並將研究形成有用知識，協助幼托整合發展。若僅是為「整合」而「整合」，造成幼托機構以商業利益為考量，而淪為「上有政策、下有對策」的「官兵捉強盜」遊戲，虛耗行政資源，將嚴重影響幼兒教保品質，使發展停滯不前。

七、多元優質幼兒教保生態 VS. 市場機制、幼兒教保亂象再次演化升級

政府過度依賴私立幼托機構提供教保服務（私立幼托機構與公立幼托機構比為 7：3），又無法保證公立機構的教育品質最佳（公立幼稚園管理不易，托兒所教保品質不佳已是不爭的事實），其後果是養大一個無法控制的龐大機器（私立幼托園所），只得推託「市場機制」，讓經濟理由來淘汰私立幼托機構。但是「幼兒教保」的效益是在將來，絕不是市場及時反映的數字所能表徵的。這在教育改革史上早有前車之鑑，諸如放任師資培育解放的後果，即是流浪教師的社會問題；放任幼教市場機制的後果即是幼教亂象叢生。為了終結這些亂象，不得不設計更繁複的政策規劃，再次放任幼教市場機制，其結果是否將催生幼教生態再次因

應市場需求演化升級的亂象？甚至衍生出劣幣驅逐良幣（優秀園所被市場潮流淘汰）的嚴重後果？「市場機制」式的幼教政策是否合宜？「計畫經濟」是否才是深謀遠慮的政策規劃的正確道路？如何才能真正營造多元的優質幼教環境，讓幼兒真正受益？

　　幼托整合政策於 2012 年正式實施。本文以幼托機構從業者的角度，觀察幼托整合政策投下的震撼彈所造成的轉機與危機，希望喚起所有幼托從業人員、政策執行者、學者都能捐棄一己之見，以「整合」的觀點觀察、省思、執行幼托整合的政策。本書試圖以整合的觀點，闡述「幼兒教保政策」、「幼兒園經營與管理」、「幼兒課程與教學」、「嬰幼兒發展與照護」、「特殊幼兒教保」、「新住民幼兒教保」等基本卻關鍵的概念。更希望「教育」、「保育」能在最基本的觀念上達成「合流」，攜手並進，共同為幼兒教育尋找生機與出路，即是本書出版最大的遠景與期望。

　　　　　～結合學校、政府和家庭攜手

　　　　　　共創優質幼兒教保的未來～

參考文獻

宋文里（譯）（2001）。J. Bruner 著。**教育的文化：文化
　　心理學的觀點**。台北市：遠流。

吳武典（2004）。**台灣教育改革的經驗與分析：以九年一
　　貫課程和多元入學方案為例**。2009 年 02 月 08 日，取
　　自　http://www3.nccu.edu.tw/~94152011/_fpclass/new_
　　page_2.htm

教育部（2013）。**幼兒教育及照顧法**。台北市：作者。

楊朝祥（2004）。**跨越斷層教改再出發**。（演講大綱）

第二章　幼兒教保政策

林家蕙、吳金香

　　《幼兒教育及照顧法》（簡稱幼照法），於 2012 年 1 月 1 日施行，取代 1981 年起施行逾三十年的《幼稚教育法》。該母法與其相關子法的擬定完成及公布實施，是為因應三十餘年來社會變遷對育兒、幼兒教育的需求，並擔負引領幼兒教育及照顧領域未來方向的指標。本章以言簡意賅的方式說明各政策的關鍵概念，協助讀者了解幼教新趨勢，掌握先機。

壹、兒童權利宣言

　　聯合國憲章揭櫫對基本人權與人格尊嚴和價值的信念，而兒童因身心未臻成熟，更需特殊保護與照顧。為謀求兒童出生前後在法律上的特別保護，聯合國於 1959 年第十四屆聯合國大會決議宣布《兒童權利宣言》（內政部兒童局，2013），其內容如下：

1. 兒童不應因其本人之種族、膚色、性別、語言、宗教、政治、家世、財產而受到歧視。

2. 兒童應享特別保護，予以機會使其能在自由與尊敬之情況下，獲得身體、心智、道德、精神及社會各方面之健全成長

發展，並為此制度訂定法律時，應以兒童之最高福利為前提做適當考量。

3. 兒童出生就應該有一個姓名、一個國籍。

4. 兒童應享社會安全制度之利益，為此目的，應予以兒童的母親特別照料與保護（產前產後），兒童有權獲得適當的營養、居住、娛樂及醫藥照顧。

5. 兒童在身心或社會方面有缺陷者，應按個別情形，予以矯治、教育及照顧。

6. 兒童需要「愛」與「了解」，以利其人格和諧發展，盡可能使兒童在父母的照料及愛之下長大，無特殊理由，不得使兒童與父母分離。

7. 兒童有受教育之權，至少在初等階段，其教育應列為兒童義務教育。

8. 兒童在任何情形下，應最先受教育與保護。

9. 對兒童應加倍保護，使不受任何方式之忽視、虐待及剝削。

10. 兒童應受保護，使不薰染可能養成種族、宗教及其他種族歧視之習慣。

以上各項原則，對各國之兒童福利產生不少啟示作用，我國雖非聯合國成員，仍依此宣言精神擬定《兒童及少年福利法》，以作為推動少年及兒童福利，保障兒童及少年人權之根據。

貳、幼托整合

我國在幼照法實施之前，原由幼稚園及托兒所負責學齡前幼

兒的教育與照顧工作。托兒所招收零～六歲幼兒施以保育，由內政部主管；幼稚園招收三～六歲幼兒施以教育，由教育部主管。由於招收年齡重疊、主管機關不同，以及幼稚園和托兒所經營者因商業運作而衍生師資標準不同、課程教學品質不同、管理各異等問題，造成同樣年齡幼兒卻接受不同品質教保內容的情況，也顯示老舊的法令不符現代需要，有必要以整合的視野重新立法。在朝野的殷殷期盼下，教育部規劃於 1997～2000 年為起步階段；2001～2003 年為政策規劃階段。

　　幼托整合的具體方案即為《幼兒教育及照顧法》（於 2011 年 6 月立法通過）。其牽涉層面廣泛，影響關係人眾多，整合的層面複雜，可說是法令、主管、機構、資源、人力、教保的整合。

參、幼兒教育券

　　「幼兒教育券」是指由政府發給幼兒家長一種有價兌換券，幼兒就讀私立幼托園所時可抵學費，藉以實踐教育選擇權及教育機會均等之理想。

　　先進國家如美國在維護家長教育選擇權時也選擇使用教育券，提供經濟弱勢或對不同經濟狀況之學生提供不同面額教育券，使經濟資源達到公平分配，允許家長依其所選擇學校不同的收費，利用教育券補貼學費；英國於 1997 年也使用幼兒教育券鼓勵四歲幼兒接受教育；日本於 1997 年 4 月實施的《兒童福利法》中規定「幼兒津貼」的實施，以家庭收入作為補助幼兒津貼的依據，以減輕家庭負擔、確保教育水準。

　　有鑑於幼兒教育的重要性；社會變遷婦女投入勞動市場，家

庭對幼兒教育的需要殷切；公立幼托園所不足，私立幼托園所收費高昂，形成年輕家庭幼兒教育經費負擔過重，引發社會對政府資源分配之合理性產生質疑；再加上普及幼兒教育與提高幼教品質一直是教育改革的重要項目，因此行政院於 2000 年 9 月公布「發放幼兒教育券實施方案」。其目標為整合並運用國家總體教育資源，促進資源分配合理效益；改善幼稚園及托兒所生態與環境，提昇幼兒教育水準；縮短公私立幼稚園與托兒所學費差距，以減輕家長教養子女之經濟負擔。自 89 學年度（2000 年）起發放，對象為滿五足歲，實際就讀（托）於已立案私立幼稚園、托兒所或其他合法托育機構者。每年補助一萬元，分兩學期發放，每一符合上列條件幼兒皆可領取，未設排富條款。

幼兒教育券實施以來，發現確實促使未立案幼托園所走向合法，維護幼兒基本權益；家長對幼兒教育券的政策滿意度高，但幼托園所滿意度低；並未真正改善幼兒教育品質（趙康伶、鄭瑞菁，2003）。且幼兒教育券因未設排富條款，稀釋資源導致實際補助金額過低，並未能真正實踐家長選擇權及教育機會均等的理想。

 肆、扶持五歲幼兒教育計畫

為因應少子化、提振生育力與符合及早教育的幼兒教育國際趨勢，教育部自 93 學年度（2004 年）起訂定「扶持五歲弱勢幼兒及早教育計畫」。其性質為非強迫、非義務，並依家戶年所得補助五歲至入國小學前幼兒就學補助措施；其目標為：(1)提供滿五足歲至入國民小學前幼兒充分就學機會；(2)減輕家庭育兒負

擔，穩定人口成長；(3)建構優質之教保環境，確保幼兒所受教保品質。

一、計畫期程

(一) 第一階段：自 96 學年度起（2007 年 8 月 1 日起）
　　以低收入戶、中低收入戶家庭之滿五足歲至入國民小學前之幼兒為實施對象。

(二) 第二階段：自 98 學年度起（2009 年 8 月 1 日起）
　　依家戶年所得及家有子女數區分補助。

(三) 第三階段：自 100 學年度起（2011 年 8 月 1 日起）
　　依家戶年所得及家有子女數區分補助並擴大實施。

二、供應機構

(一) 第一階段：以公立幼托機構為主，私立幼托機構為輔。

(二) 第二階段及第三階段：以公立幼托機構及與政府合作之私立幼托機構為主。

　　因此，「扶持五歲幼兒教育計畫」是以補助五歲幼兒就學學費的免費教育方式，協助年輕家庭減輕教育經費負擔，並達成國民教育向下延伸一年的目標，以符應及早教育的國際幼兒教育趨勢。

伍、五歲幼兒免學費教育計畫

　　為使五歲幼童能享有免費教育以減輕年輕家長的經濟負擔，訂定五歲幼兒免學費教育計畫。其計畫內容延續扶持五歲幼兒教育計畫。將五歲幼兒就學視為準義務教育，比照國民中小學學生就學免學費概念，提供五歲幼兒學費補助以達成免學費政策目標；另，為減輕經濟所得相對較低家庭育兒負擔，再依家戶年所得，提供其他就學費用之補助，且均以就學之幼兒為補助對象（教育部、內政部，2011）。其實施對象及期程如下：

一、99 學年度（2010 年 8 月 1 日）

　　離島三縣三鄉及原住民鄉鎮市滿五足歲至入國民小學前，且就讀公私立國幼班之幼兒。

二、100 學年度（2011 年 8 月 1 日）起

1. 離島三縣三鄉及原住民鄉鎮市滿五足歲至入國民小學前，且就讀公私立國幼班之幼兒。
2. 一般地區滿五足歲至入國民小學前，且就讀公立幼托園所及私立合作園所之幼兒。

　　其計畫目標為：採非強迫、非義務，逐步擴大辦理一般幼兒免學費就學及經濟弱勢幼兒免費就學的原則，以達成下列目標：

1. 減輕家長育兒負擔，提高入園率；
2. 提供滿五足歲至入國民小學前幼兒充足的就學機會；
3. 建構優質之教保環境，確保幼兒所受教保品質。

陸、經濟弱勢幼兒加額補助

屬於「五歲幼兒免學費教育計畫」之一部分，除上述免學費補助外，再依家戶年所得級距加額補助幼兒其它就學費用。

柒、幼兒教育及照顧法

《幼兒教育及照顧法》（如附錄 1）（教育部，2013）係起緣於我國幼托機構為幼稚園、托兒所分流，衍生諸如師資、課程、管理等諸多問題，社會對整合需求殷切；少子化現象，對幼兒教育品質要求提高；社會變遷產生對托嬰、學童課後安親的需求，但卻缺乏法令規範；國際幼兒教育趨勢，如經濟暨合作發展組織（OECD）及聯合國教科文組織（UNESCO）強調幼兒教育及照顧的整合新概念。

為改善幼教品質、符合社會發展需求，並追求國際幼兒教育趨勢以謀求以幼兒為中心思考的最大福祉，行政院於 2001 年起開始草擬。其立法目的係為保障幼兒接受適當教育及照顧之權利，確立幼兒教育及照顧方針，健全幼兒教育及照顧體系，以促進其身心健全發展。

《幼兒教育及照顧法》內容共分為八章、六十條，分別為：

第一章總則；第二章幼兒園設立及其教保服務；第三章幼兒園組織與人員資格及權益；第四章幼兒權益保障；第五章家長之權利義務；第六章幼兒園管理、輔導及獎助；第七章罰則；第八章附則。

該法於 2011 年 6 月立法通過，並由總統公布於 2012 年 1 月 1 日起施行。

捌、幼兒教育及照顧法用詞定義

根據《幼兒教育及照顧法》第 2 條，定義相關名詞如下：
1. 幼兒：指二歲以上至入國民小學前之人。
2. 幼兒園：指對幼兒提供教育及照顧（教保）服務之機構。
3. 負責人：指幼兒園設立登記之名義人；其為法人者，指其董事長。
4. 教保服務人員：指在幼兒園服務之園長、教師、教保員及助理教保員。

玖、幼兒園主管機關

根據《幼兒教育及照顧法》第 3 條，所稱之主管機關：在中央為教育部；在直轄市為直轄市政府；在縣（市）為縣（市）政府。

拾、幼兒園的類型

根據《幼兒教育及照顧法》第 8 條、第 9 條、第 10 條，規範的幼兒教育及照顧機構類型如下：

1. 公立幼兒園：公立學校所附設之幼兒園、政府所設立之幼兒園稱之。
2. 私立幼兒園：私人設立幼兒園、財團法人附設幼兒園稱之。
3. 非營利幼兒園：直轄市、縣（市）政府委託公益性質法人或由公益性質法人申請經核准申辦之幼兒園，其理念以支持家庭育兒、促進幼兒健康成長、推廣優質平價及弱勢優先教保服務為目的，其收費依營運成本計算，年度營運有賸餘款者，全數作為幼兒園設施、設備與教學品質之改善。
4. 社區互助式幼兒園：離島、偏鄉及原住民族地區於幼兒園普及前，採社區互助式方式對幼兒所提供的教保方式稱之。

拾壹、幼兒園教保服務目標

根據《幼兒教育及照顧法》第 11 條，幼兒園教保服務之實施，應與家庭及社區密切配合，以達成以下目標：

1. 維護幼兒身心健康。
2. 養成幼兒良好習慣。
3. 豐富幼兒生活經驗。
4. 增進幼兒倫理觀念。

5. 培養幼兒合群習性。

6. 拓展幼兒美感經驗。

7. 發展幼兒創意思維。

8. 建構幼兒文化認同。

9. 啟發幼兒關懷環境。

拾貳、幼兒園教保服務內容

根據《幼兒教育及照顧法》第12條，幼兒園之教保服務內容如下：

1. 提供生理、心理及社會需求滿足之相關服務。

2. 提供營養、衛生保健及安全之相關服務。

3. 提供適宜發展之環境及學習活動。

4. 提供增進身體動作、語文、認知、美感、情緒發展與人際互動等發展能力與培養基本生活能力、良好生活習慣及積極學習態度之學習活動。

5. 記錄生活與成長及發展與學習活動過程。

6. 舉辦促進親子關係之活動。

7. 其他有利於幼兒發展之相關服務。

拾參、教保服務人員相關資格取得方式

根據《幼兒教育及照顧法》第19條～第22條規定，教保服

務人員相關資格取得方式如下：

一、園長：除幼照法施行以前已取得幼稚園園長、托兒所所長資格並於在職期間，得轉換為幼兒園園長外，應同時具備下列各款資格：

　1. 具幼兒園教師或教保員資格。

　2. 在幼兒園（含幼照法施行前之幼稚園及托兒所）擔任教師或教保員五年以上。

　3. 經直轄市、縣（市）主管機關自行或委託設有幼兒教育、幼兒保育相關科系、所、學位學程之專科以上學校辦理之幼兒園園長專業訓練及格。

二、教師：依師資培育法規定取得幼兒園教師資格者。

三、教保員：應具備下列資格之一：

　1. 國內專科以上學校或經教育部認可之國外專科以上學校幼兒教育、幼兒保育相關系、所、學位學程、科畢業。

　2. 國內專科以上學校或經教育部認可之國外專科以上學校非幼兒教育、幼兒保育相關系、所、學位學程、科畢業，並修畢幼兒教育、幼兒保育輔系或學分學程。

四、助理教保員：應具國內高級中等學校幼兒保育相關學程、科畢業之資格。

拾肆、幼兒園評鑑

依據《幼兒教育及照顧法》第 45 條，直轄市、縣（市）主管機關應對幼兒辦理檢查、輔導及評鑑，幼兒園不得規避、妨礙或拒絕。

「幼兒園評鑑辦法」中規劃幼兒園每五學年為一週期接受評鑑，未通過基礎評鑑者於六個月內未改善得施以罰則。

評鑑的類別可分為三：

1. 基礎評鑑：針對設立與營運、總務與財務管理、教保活動課程、人事管理、餐飲與衛生管理、安全管理等類別進行評鑑。
2. 專業認證評鑑：針對園務領導、資源管理、教保活動課程、評量與輔導、安全與健康、家庭與社區等類別中，與幼兒園教保專業品質有關之項目進行評鑑。
3. 追蹤評鑑：針對基礎評鑑未通過之項目，依原評鑑指標辦理追蹤評鑑。

 # 拾伍、不利條件幼兒

根據《幼兒教育及照顧法施行細則》第 4 條，不利條件幼兒指幼兒入幼兒園當學年度符合下列情形之一者：

1. 低收入戶子女：指依《社會救助法》第 4 條第一項規定，經戶籍所在地直轄市、縣（市）主管機關審核認定，並領有證明文件者。
2. 中低收入戶子女：指依《社會救助法》第 4 條之一第一項規定，經戶籍所在地直轄市、縣（市）主管機關審核認定，並領有證明文件者。
3. 身心障礙：指依《特殊教育法》第 3 條規定，經直轄市、縣（市）主管機關所設特殊教育學生鑑定及就學輔導會鑑定安置，並領有證明文件者。
4. 原住民：指依《原住民身分法》第 2 條規定，經認定具有山

地原住民或平地原住民之身分者。

5. 特殊境遇家庭子女：指依《特殊境遇家庭扶助條例》第 4 條第一項規定，經戶籍所在地直轄市、縣（市）主管機關審核認定，並領有證明文件者。

6. 中度以上身心障礙者子女：指符合法定中度以上身心障礙資格領有身心障礙手冊或證明者。

拾陸、國民教育幼兒班

「國民教育幼兒班」簡稱「國幼班」，係根據「扶持五歲弱勢幼兒及早教育計畫」中所提為地域弱勢（指離島三縣三鄉及原住民鄉鎮市）提供以公私立幼托機構試辦國幼班為供應機構而設立。

在定義上係專指為滿五足歲、未入國民小學就讀之學齡前幼兒所安排，符合其身心發展需要之學前教育，採非強迫、非義務、漸進免學費之實施，並朝準義務、強迫教育目標逐步推動。「國民教育幼兒班」計畫之推動亦為國民義務教育向下延伸一年的準備。

國幼班的實施期程分為：

(一) 第一階段：自 93 學年度起（2004 年 8 月 1 日起）

以離島地區為實施對象，包括金門縣、連江縣、澎湖縣、台東縣蘭嶼鄉和綠島鄉以及屏東縣琉球鄉。

(二) 第二階段：自 94 學年度起（2005 年 8 月 1 日起）

加入原住民地區五十四個鄉鎮市。

實施方式先以公立幼稚園為試辦國幼班之主要對象，供應量不足

的地區再納入私立幼稚園及公私立托兒所併同試辦國幼班。

補助金額為就讀公立國幼班每生每學期最高補助新臺幣 2,500元，就讀私立國幼班每生每學期最高補助新臺幣 10,000 元。為規劃國幼班之適性課程及設備，教育部研訂「五至六歲幼兒能力指標」、「國幼班課程綱要」、「國幼班設備基準」、「國幼班師資專業發展」等法規；在訪視、輔導與成效評估上也研擬「試辦國幼班教學訪視及輔導計畫」，並成立「試辦國幼班教學訪視及輔導小組」、「參與試辦國幼班之地方政府成立訪視輔導小組」及辦理各年期試辦國幼班輔導事項和「國幼班試辦成效檢討與評估」。國幼班辦理至今已有初步成效，為偏遠離島區域之幼兒增加教育均等的機會。

 拾柒、補償教育

係指為文化不利兒童設計不同教育方案，以補償其幼年缺乏文化刺激的環境，進而減少其課業學習困難和增進課業學習的能力（吳清山、林天祐，2005）。因此補償教育是為彌補弱勢兒童在學習上的不利情況，以維護社會公平正義，達成教育機會均等的理想。

補償教育的實施成為世界各國教育的重要方針，例如：美國在 1965 年實施「啟蒙方案」對低收入幼兒實施全面性的協助，獲得良好成效；英國於 1967 年推出「教育優先區計畫」，提供弱勢地區兒童補償教育機會。

我國也在 1996 年推出「教育優先區計畫」，為弱勢地區學校的學生提供補救教學，協助弱勢學生低成就的學業問題。之後陸

續於 2002 年試辦「關懷弱勢彌平落差課業輔導」；2003 年推出「課後照顧服務方案」，並於 2006 年整合成「攜手計畫－課後扶助」方案，成為全面性的補償教育方案。在幼兒教育方面則以「扶持五歲弱勢幼兒及早教育計畫」為代表。

拾捌、幼兒課後留園服務

幼兒課後留園服務是指為支持婦女婚育，協助雙薪家庭父母安心就業，以不強迫方式提供經濟弱勢幼兒，於公立幼稚園辦理課後、假日、寒暑假期間留園，並施以活潑多元、兼採團體及小組活動之服務。

教育部於 2004 年起公布實施「教育部補助公立幼稚園辦理課後留園服務作業要點」（教育部，2004）。《幼兒教育及照顧法》公布實施後，復於 2012 年 3 月 19 日依《幼兒教育及照顧法》第 55 條第六項之規定，訂定「幼兒園兼辦國民小學兒童課後照顧服務辦法」（如附錄 2）。目的即為支持婦女婚育，使雙薪家庭父母安心就業，並讓學齡前幼兒在健康安全之環境成長。該計畫欲達成的目標有：(1)擴大公立幼稚園辦理之課後留園服務之範圍；(2)減輕弱勢家長經濟負擔，提昇弱勢幼兒入園率。課後留園時段分為寒假、暑假、學期中下課後及假日時間，可說是「全年無休」地支援婦女。

其特色為：(1)政府負擔弱勢家庭學齡前幼兒托育責任，支持婦女就業；(2)加強公立幼稚園幼兒保育功能之不足；(3)兼顧托育幼兒之教保服務品質，有助於弭平弱勢幼兒之文化不利因素。

實例分析

新竹市幼托整合

新竹市立托兒所原隸屬於縣政府社會處，因所方有感於多年來長期借用廟宇或社區活動中心充當教室，場地常遭破壞或失竊，危及幼兒安全，而提出改善場地要求。市政府權衡幼兒安全及幼托整合政策實施在即，先行擬定「新竹市公立幼稚園及托兒所整合暫行自治條例」，並依據條例於 2007 年 8 月起將新竹市立托兒所與鄰近新竹市立國民小學附設幼稚園予以整併，將分佈在二十九個分班的托兒所幼兒遷入附近國小附設幼稚園。整合後稱為幼兒園，由附幼園長兼任園長綜理園務，主管機關為教育處。這是國內第一個公立系統幼托機構整合的案例。雖然不是依據《幼兒教育及照顧法》實施，但其中有多項條例雷同，其實施成效值得提供各縣市政府做為執行幼托整合方案的參考。以下試列出暫行條例中與《幼兒教育及照顧法》內容雷同部分，比較如下：

法令 內容	幼兒教育及照顧法	新竹市公立幼稚園及托兒所整合暫行自治條例
教保人員任用資格	第 19 條： (一) 幼兒園園長除本法另有規定外，應同時具備下列各款資格： 1. 具幼兒園教師或教保員資格。 2. 在幼兒園（含本法施行前之幼稚園及托兒所）擔任教師或教保員五年以上。 3. 經直轄市、縣（市）主管機關自	幼兒園之教保人員資格如下： (一) 園長：應具備幼教教師資格，且需具幼教實務二年以上之經驗。 (二) 教師：為依師資培育法規定取得幼稚園教師資格者。

法令\內容	幼兒教育及照顧法	新竹市公立幼稚園及托兒所整合暫行自治條例
教保人員任用資格	行或委託設有幼兒教育、幼兒保育相關科系、所、學位學程之專科以上學校辦理之幼兒園園長專業訓練及格。 第20條： 　幼兒園教師應依師資培育法規定取得幼兒園教師資格。 第21條： 　教保員應具備下列資格之一： (一) 國內專科以上學校或經教育部認可之國外專科以上學校幼兒教育、幼兒保育相關系、所、學位學程、科畢業。 (二) 國內專科以上學校或經教育部認可之國外專科以上學校非幼兒教育、幼兒保育相關系、所、學位學程、科畢業，並修畢幼兒教育、幼兒保育輔系或學分學程。 前項相關系、所、學位學程、科、輔系及學分學程之認定標準，由中央主管機關定之。 第22條： 　幼兒園助理教保員除本法另有規定外，應具國內高級中等學校幼兒保育相關學程、科畢業之資格。 前項相關學程及科之認定標準，由中央主管機關定之。	(三) 教保員：為國內大學校院或教育部承認之國外大學校院幼兒教育、幼兒保育相關系所畢業，或非相關系所但修畢幼兒教育、幼兒保育輔系或教保學程者。 (四) 助理教保員：為國內高級中等以上學校幼兒教育、幼兒保育相關科系畢業，或非相關科系但修畢助理教保員訓練課程者。

法令\內容	幼兒教育及照顧法	新竹市公立幼稚園及托兒所整合暫行自治條例
人員任用依據	第25條： (一) 直轄市、縣（市）、鄉（鎮、市）設立之公立幼兒園其專任園長，除依第五十六條第二項第一款規定由公立托兒所所長轉換取得資格者仍依公務人員任用法之相關法令於原機構任用外，應由具公立幼兒園現職教師資格者擔任，其考核、解聘、停聘或不續聘、待遇、退休、撫卹、保險、福利及救濟事項，準用公立國民小學校長之規定。 (二) 前項公立幼兒園專任園長之遴選、聘任、聘期，及公立學校附設幼兒園專任主任之任期等相關事項之自治法規，由直轄市、縣（市）主管機關定之。 (三) 公立托兒所改制為公立幼兒園後，原公立托兒所所依公務人員任用法任用之人員及依雇員管理規則僱用之人員，於改制後繼續於原機構任用，其服務、懲戒、考績、訓練、進修、俸給、保險、保障、結社、退休、資遣、撫卹、福利及其他權益事項，依其原適用之相關法令辦理；並得依改制前原適用之組織法規，依規定辦理陞遷及銓敘審定；人事、會計人員之管理，與其他公務人員同。	前項教師依教育人員任用條例任用，教保員及助理教保員得以約聘僱方式進用。

法令內容	幼兒教育及照顧法	新竹市公立幼稚園及托兒所整合暫行自治條例
人員任用依據	(四)公立幼兒園之教保服務人員因婚、喪、疾病、分娩或其他正當事由得請假；其假別、日數、請假程序、核定權責與違反之處理及其他相關事項之辦法，由中央主管機關定之。	
師生比例	第18條： (一)幼兒園二歲以上未滿三歲幼兒，每班以十六人為限，且不得與其他年齡幼兒混齡；三歲以上至入國民小學前幼兒，每班以三十人為限。 (二)招收二歲以上至未滿三歲幼兒之班級，每班招收幼兒八人以下者，應置教保服務人員一人，九人以上者，應置教保服務人員二人；第一項但書所定情形，其教保服務人員之配置亦同。 (三)招收三歲以上至入國民小學前幼兒之班級，每班招收幼兒十五人以下者，應置教保服務人員一人，十六人以上者，應置教保服務人員二人。 (四)幼兒園有五歲至入國民小學前幼兒之班級，其配置之教保服務人員，每班應有一人以上為幼兒園教師。	幼兒年齡為未滿四歲之班級，每班不得超過二十四名，應置教保人員二名，但經本府同意亦得招收四歲之幼兒。 幼兒年齡為四歲以上之班級，每班不得超過三十名，應置教師二名，教學內容應依幼稚園課程標準辦理。

法令 內容	幼兒教育及照顧法	新竹市公立幼稚園及托兒所整合暫行自治條例
師生比例	(五) 公立學校附設幼兒園除依本法第二項及第三項規定配置教保服務人員外，每園應再增置教保服務人員一人。 幼兒園之行政組織及員額編制標準，由中央主管機關定之。	
專業人員及比例	第18條： (一) 幼兒園得視需要配置學前特殊教育教師及社會工作人員。 (二) 幼兒園及其分班合計招收幼兒總數六十人以下者，得以特約或兼任方式置護理人員；六十一人至二百人者，應以特約、兼任或專任方式置護理人員；二百零一人以上者，應置專任護理人員一人以上。但國民中、小學附設之幼兒園，其校內已置有專任護理人員者，得免再置護理人員。 (三) 公立學校附設幼兒園置主任，由校長就專任幼兒園教師中聘兼之，其達一定規模者，應為專任；幼兒園達一定規模，得分組辦事，置組長，並由教師或教保員兼任之；幼兒園分班置組長，並由教師、教保員兼任之；附設幼兒園達一定規模及直轄市、縣（市）、鄉（鎮、市）設立之幼兒園得置專任職員；幼兒園應置廚工。	幼兒園得以特約或兼任方式置醫師、治療師及護理人員。 幼兒園收托幼兒總數未滿六十名者，得以特約或兼任方式置社工人員一名；六十名以上未滿三百名者，應以特約或兼任方式置社工人員一至二名；三百名以上者，應至少置專任社工員一名。

分析：從上表可以看出，新竹市政府是以《兒童教育及照顧法》草案為藍本來設計整合暫行條例；2011 年 6 月《幼兒教育及照顧法》公布之後，礙於實際執行上仍有諸多細節未完成配套措施，以至於有許多窒礙難行之處。以下筆者試加以分析可能的問題及解決方式，以作為今後實施的參考：

一、園務管理方面：幼兒園統整助理教保員、教保員、教師等各種不同的職稱人員，其應負職責不同，管理方式各異，自然經驗不同，思考各異。園長在管理上恐需更費心力，才能撫平大家整合初期不安的情緒及帶領不同分級的教保人員捐棄成見，往前邁進。

二、教保內涵方面：幼稚園在內容上著重教育、托兒所著重保育，整合之後幼兒園教師需強化保育內容，托兒所教保園需增進教育內涵，教保人員工作內容及心理上都將有一段調適期，需要更多的進修課程來彌平不足的能力。

三、行政系統方面：主管單位在人事上的管理因為「幼教師準用教育人員條例」、「托兒所適用公務人員任用條例」等辦法，同一場域的同一事件可能出現兩套處理方式，將使管理方式大亂。例如，教師可以放寒暑假但公務人員不行；教師的薪資福利與公務人員亦不同等，是否會產生不平的心理，影響團體的凝聚力，需要行政系統有完整的配套措施及溝通協調的能力。

　　以上案例僅以公立系統幼托整合為例，如加上私立幼托園所，其困難恐怕更多，都值得主管行政機關細心思量，巧妙配套。

（來源：幼兒教育及照顧法、新竹市公立幼稚園及托兒所整合暫行自治條例）

～幼托整合使得幼兒教保議題倍受重視～

～扶幼計畫幫助更多家庭減輕育兒負擔～

參考文獻

內政部兒童局（2013）。**兒童權利公約──文字版**。上網
搜尋日期：2013年9月19日，取自 http://www.cbi.gov.
tw/CBI_2/internet/main/doc/doc_detail.aspx? uid=119&
docid=1595

吳清山、林天祐（2005）。名詞解釋補償教育。**教育資料
與研究，45**，126。

教育部（2013）。**幼兒教育及照顧法**。台北市：作者。

教育部、內政部（2011）。**5 歲幼兒免學費教育計畫**。上
網搜尋日期：2013 年 9 月 17 日，取自：http://www.
edu.tw/userfiles/url/20120920151149/5 歲幼兒免學費教
育計畫【100 學年修正計畫發布版 100824】.pdf

趙康伶、鄭瑞菁（2003）。我國實施幼兒教育券之研究──
以高屏兩縣為例。**屏東師院學報，18**，331-362。

附錄 1　幼兒教育及照顧法

1. 中華民國一百年六月二十九日總統華總一義字第 10000133881 號令制定公布全文 60 條；並自一百零一年一月一日施行
2. 中華民國一百零二年五月二十二日總統華總一義字第 10200096081 號令修正公布第 10、15、43、55 條條文；並自一百零一年一月一日施行

第一章　總則

第 1 條　為保障幼兒接受適當教育及照顧之權利，確立幼兒教育及照顧方針，健全幼兒教育及照顧體系，以促進其身心健全發展，特制定本法。

第 2 條　本法用詞，定義如下：
一、幼兒：指二歲以上至入國民小學前之人。
二、幼兒園：指對幼兒提供教育及照顧服務（以下簡稱教保服務）之機構。
三、負責人：指幼兒園設立登記之名義人；其為法人者，指其董事長。
四、教保服務人員：指在幼兒園服務之園長、教師、教保員及助理教保員。

第 3 條　本法所稱之主管機關：在中央為教育部；在直轄市為直轄市政府；在縣（市）為縣（市）政府。
本法所定事項涉及各目的事業主管機關業務時，各該機關應配合辦理。

第 4 條　各級主管機關為整合規劃、協調、諮詢及宣導幼兒教保服務，應召開諮詢會。
前項諮詢會，其成員應包括主管機關代表、衛生主管機關代表、身心障礙團體代表、教保學者專家、教保團體代表、教保服務人員團體代表及家長團體代表；其組織及會議等相關事項之辦

　　　　　法及自治法規，由各主管機關定之。

第 5 條　中央主管機關掌理下列事項：

　　　　　一、教保服務政策及法規之研擬。

　　　　　二、教保服務理念、法規之宣導及推廣。

　　　　　三、全國性教保服務之方案策劃、研究、獎助、輔導、實驗及
　　　　　　　評鑑規劃。

　　　　　四、地方教保服務行政之監督、指導及評鑑。

　　　　　五、教保服務人員人力規劃、培育及人才庫建立。

　　　　　六、全國性教保服務基本資料之蒐集、調查、統計及公布。

　　　　　七、教保服務人員權益保障事項之推動。

　　　　　八、協助教保服務人員組織及家長組織之成立。

　　　　　九、其他全國性教保服務之相關事項。

第 6 條　直轄市、縣（市）主管機關掌理下列事項：

　　　　　一、地方性教保服務方案之規劃、實驗、推展及獎助。

　　　　　二、幼兒園之設立、監督、輔導及評鑑。

　　　　　三、教保服務人員之監督、輔導、管理及在職訓練。

　　　　　四、幼兒園親職教育之規劃及辦理。

　　　　　五、地方性教保服務基本資料之蒐集、調查、統計及公布。

　　　　　六、其他地方性教保服務之相關事項。

第二章　幼兒園設立及其教保服務

第 7 條　幼兒園教保服務應以幼兒為主體，遵行幼兒本位精神，秉持性
　　　　　別、族群、文化平等、教保並重及尊重家長之原則辦理。

　　　　　推動與促進幼兒教保服務工作發展為政府、社會、家庭、幼兒
　　　　　園及教保服務人員共同之責任。

　　　　　政府應提供幼兒優質、普及、平價及近便性之教保服務，對處
　　　　　於經濟、文化、身心、族群及區域等不利條件之幼兒，應優先
　　　　　提供其接受適當教保服務之機會。

　　　　　公立幼兒園應優先招收不利條件之幼兒，其招收優先順序之自
　　　　　治法規，由直轄市、縣（市）主管機關定之。

政府對就讀幼兒園之幼兒，得視實際需要補助其費用；其補助對象、補助條件、補助額度及其他應遵行事項之辦法，由中央主管機關定之。

第 8 條　直轄市、縣（市）、鄉（鎮、市）、學校、法人、團體或個人得興辦幼兒園，幼兒園應經直轄市、縣（市）主管機關許可設立，並於取得設立許可後始得招生。

公立學校所設幼兒園應為學校所附設，其與直轄市、縣（市）、鄉（鎮、市）設立者為公立，其餘為私立。但本法施行前已由政府或公立學校所設之私立幼稚園或托兒所，仍為私立。

幼兒園得於同一鄉（鎮、市、區）內設立分班，其招生人數不得逾本園之人數或六十人之上限。

私立幼兒園得辦理財團法人登記並設置董事會。

幼兒園與其分班基本設施設備之標準，及其設立、改建、遷移、擴充、增加招收幼兒人數、更名與變更負責人程序及應檢具之文件、停辦、復辦、撤銷與廢止許可、督導管理、財團法人登記、董事會運作及其他應遵行事項之辦法，均由中央主管機關定之。

第 9 條　直轄市、縣（市）政府得委託公益性質法人或由公益性質法人申請經核准興辦非營利幼兒園，其辦理方式、委託要件、委託年限、委託方式、收費基準、人員薪資、審議機制、考核及其他應遵行事項之辦法，由中央主管機關定之。

直轄市、縣（市）政府為辦理前項事項，應召開審議會，由機關首長或指定之代理人為召集人，成員應包括教保學者專家、家長團體代表、婦女團體代表、勞工團體代表、教保團體代表及教保服務人員團體代表。

第 10 條　離島、偏鄉於幼兒園普及前，及原住民族幼兒基於學習其族語、歷史及文化機會與發揮部落照顧精神，得採社區互助式或部落互助式方式對幼兒提供教保服務；其地區範圍、辦理方式、人員資格、登記、環境、設施設備、衛生保健、督導、檢查、管

理及其他應遵行事項之辦法，由中央主管機關會同中央原住民族主管機關定之。

第 11 條　幼兒園教保服務之實施，應與家庭及社區密切配合，以達成下列目標：

一、維護幼兒身心健康。

二、養成幼兒良好習慣。

三、豐富幼兒生活經驗。

四、增進幼兒倫理觀念。

五、培養幼兒合群習性。

六、拓展幼兒美感經驗。

七、發展幼兒創意思維。

八、建構幼兒文化認同。

九、啟發幼兒關懷環境。

第 12 條　幼兒園之教保服務內容如下：

一、提供生理、心理及社會需求滿足之相關服務。

二、提供營養、衛生保健及安全之相關服務。

三、提供適宜發展之環境及學習活動。

四、提供增進身體動作、語文、認知、美感、情緒發展與人際互動等發展能力與培養基本生活能力、良好生活習慣及積極學習態度之學習活動。

五、記錄生活與成長及發展與學習活動過程。

六、舉辦促進親子關係之活動。

七、其他有利於幼兒發展之相關服務。

幼兒園教保活動課程大綱及服務實施準則，由中央主管機關定之。

第 13 條　直轄市、縣（市）主管機關應依相關法律規定，對接受教保服務之身心障礙幼兒，主動提供專業團隊，加強早期療育及學前特殊教育相關服務，並依相關規定補助其費用。

中央政府為均衡地方身心障礙幼兒教保服務之發展，應補助地

方政府遴聘學前特殊教育專業人員之鐘點、業務及設備經費，以辦理身心障礙幼兒教保服務，其補助辦法由中央主管機關定之。

第 14 條　幼兒園得提供作為社區教保資源中心，發揮社區資源中心之功能，協助推展社區活動及社區親職教育。

第三章　幼兒園組織與人員資格及權益

第 15 條　幼兒園應進用具教保服務人員資格，且未有第二十七條第一項所列情事者，從事教保服務。

幼兒園不得借用未在該園服務之教保服務人員資格證書。

未具教保服務人員資格者，不得在幼兒園從事教保服務。

教保服務人員資格證書不得提供或租借予他人使用。

教保服務人員每年至少參加教保專業知能研習十八小時以上；其實施辦法，由中央主管機關定之。

第 16 條　為提升教保服務品質，幼兒園應建立教保服務人員參與教保服務及員工權益重要事務決策之機制。

各級主管機關應協助教保服務人員成立各級教保服務人員組織，並協助其訂定工作倫理守則。

第 17 條　幼兒園應提供教保服務人員下列資訊：

一、人事規章及相關工作權益。

二、教保服務人員資格審核之結果。

三、在職成長進修研習機會。

四、參加教保服務人員組織權益。

第 18 條　幼兒園二歲以上未滿三歲幼兒，每班以十六人為限，且不得與其他年齡幼兒混齡；三歲以上至入國民小學前幼兒，每班以三十人為限。但離島、偏鄉及原住民族地區之幼兒園，因區域內二歲以上未滿三歲幼兒之人數稀少，致其招收人數無法單獨成班者，得報直轄市、縣（市）主管機關同意後，以二歲以上至入國民小學前幼兒進行混齡編班，每班以十五人為限。

幼兒園除公立學校附設者及分班免置園長外，應置下列專任教

保服務人員：

一、園長。

二、幼兒園教師、教保員或助理教保員。

幼兒園及其分班除園長外，應依下列方式配置教保服務人員：

一、招收二歲以上至未滿三歲幼兒之班級，每班招收幼兒八人
　　以下者，應置教保服務人員一人，九人以上者，應置教保
　　服務人員二人；第一項但書所定情形，其教保服務人員之
　　配置亦同。

二、招收三歲以上至入國民小學前幼兒之班級，每班招收幼兒
　　十五人以下者，應置教保服務人員一人，十六人以上者，
　　應置教保服務人員二人。

幼兒園有五歲至入國民小學前幼兒之班級，其配置之教保服務
人員，每班應有一人以上為幼兒園教師。

幼兒園助理教保員之人數，不得超過園內教保服務人員總人數
之三分之一。

幼兒園得視需要配置學前特殊教育教師及社會工作人員。

幼兒園及其分班合計招收幼兒總數六十人以下者，得以特約或
兼任方式置護理人員；六十一人至二百人者，應以特約、兼任
或專任方式置護理人員；二百零一人以上者，應置專任護理人
員一人以上。但國民中、小學附設之幼兒園，其校內已置有專
任護理人員者，得免再置護理人員。

公立學校附設幼兒園置主任，由校長就專任幼兒園教師中聘兼
之，其達一定規模者，應為專任；幼兒園達一定規模，得分組
辦事，置組長，並由教師或教保員兼任之；幼兒園分班置組長，
並由教師、教保員兼任之；附設幼兒園達一定規模及直轄市、
縣（市）、鄉（鎮、市）設立之幼兒園得置專任職員；幼兒園
應置廚工。

公立學校附設幼兒園除依第二項及第三項規定配置教保服務人
員外，每園應再增置教保服務人員一人。

幼兒園之行政組織及員額編制標準，由中央主管機關定之。

第 19 條　幼兒園園長除本法另有規定外，應同時具備下列各款資格：

一、具幼兒園教師或教保員資格。

二、在幼兒園（含本法施行前之幼稚園及托兒所）擔任教師或教保員五年以上。

三、經直轄市、縣（市）主管機關自行或委託設有幼兒教育、幼兒保育相關科系、所、學位學程之專科以上學校辦理之幼兒園園長專業訓練及格。

前項第二款之服務年資證明應由服務之幼兒園開立，或得檢附勞工保險局核發之勞工保險被保險人投保證明文件，並均應經直轄市、縣（市）主管機關確認其服務事實。

第一項第三款之專業訓練資格、課程、時數及費用等相關事項之辦法，由中央主管機關定之。

第 20 條　幼兒園教師應依師資培育法規定取得幼兒園教師資格；幼兒園教師資格於師資培育法相關規定未修正前，適用幼稚園教師資格之規定。

第 21 條　教保員除本法另有規定外，應具備下列資格之一：

一、國內專科以上學校或經教育部認可之國外專科以上學校幼兒教育、幼兒保育相關系、所、學位學程、科畢業。

二、國內專科以上學校或經教育部認可之國外專科以上學校非幼兒教育、幼兒保育相關系、所、學位學程、科畢業，並修畢幼兒教育、幼兒保育輔系或學分學程。

前項相關系、所、學位學程、科、輔系及學分學程之認定標準，由中央主管機關定之。

第 22 條　幼兒園助理教保員除本法另有規定外，應具國內高級中等學校幼兒保育相關學程、科畢業之資格。

前項相關學程及科之認定標準，由中央主管機關定之。

第 23 條　幼兒園教保服務人員之資格、權益、管理及申訴評議等事項，於本法施行之日起三年內，另以法律規定並施行。

第 24 條　幼兒園依本法聘用之社會工作人員及護理人員，其資格應符合相關法律規定。

第 25 條　直轄市、縣（市）、鄉（鎮、市）設立之公立幼兒園其專任園長，除依第五十六條第二項第一款規定由公立托兒所所長轉換取得資格者仍依公務人員任用法之相關法令於原機構任用外，應由具公立幼兒園現職教師資格者擔任，其考核、解聘、停聘或不續聘、待遇、退休、撫卹、保險、福利及救濟事項，準用公立國民小學校長之規定。

前項公立幼兒園專任園長之遴選、聘任、聘期，及公立學校附設幼兒園專任主任之任期等相關事項之自治法規，由直轄市、縣（市）主管機關定之。

公立幼兒園編制內有給職專任之教師，其考核、聘任、解聘、停聘或不續聘、遷調、介聘、待遇、退休、撫卹、保險、福利及救濟事項，準用公立國民小學教師之規定。

公立托兒所改制為公立幼兒園後，原公立托兒所依公務人員任用法任用之人員及依雇員管理規則僱用之人員，於改制後繼續於原機構任用，其服務、懲戒、考績、訓練、進修、俸給、保險、保障、結社、退休、資遣、撫卹、福利及其他權益事項，依其原適用之相關法令辦理；並得依改制前原適用之組織法規，依規定辦理陞遷及銓敘審定；人事、會計人員之管理，與其他公務人員同。

公立幼兒園第一項、第三項及第四項以外之教保員、助理教保員及其他人員，依勞動基準法相關規定，以契約進用；其權利義務於契約明定；其進用程序、考核及待遇等相關事項之辦法，由中央主管機關定之。

公立幼稚園、公立托兒所依本法改制為公立幼兒園，原依聘用人員聘用條例、行政院暨所屬機關約僱人員僱用辦法聘用及僱用之人員，及現有工友（含技工、駕駛），依其原適用之相關法令規定辦理。

公立幼兒園之教保服務人員因婚、喪、疾病、分娩或其他正當事由得請假；其假別、日數、請假程序、核定權責與違反之處理及其他相關事項之辦法，由中央主管機關定之。

第 26 條　私立幼兒園人員，其勞動條件，依勞動基準法及其他相關法規辦理；法規未規定者，得經直轄市、縣（市）主管機關邀集代表勞資雙方組織協商之。教保服務人員應由私立幼兒園自行進用，不得以派遣方式為之。

私立幼兒園專任教師之聘任、待遇、進修與研究、退休、撫卹、離職、資遣、保險、教師組織、申訴及訴訟，於本法施行前已準用教師法相關規定者，仍依其規定辦理。

私立幼兒園，其園長由董事會遴選合格人員聘任；未設董事會者，由負責人遴選合格人員聘任，並均報請所在地直轄市、縣（市）主管機關核定。

第 27 條　教保服務人員或其他人員有下列情事之一者，不得在幼兒園服務：

一、曾有性侵害、性騷擾或虐待兒童行為，經判刑確定或通緝有案尚未結案。

二、行為不檢損害兒童權益，其情節重大，經有關機關查證屬實。

三、罹患精神疾病尚未痊癒，不能勝任教保工作。

四、其他法律規定不得擔任各該人員之情事。

教保服務人員或在幼兒園服務之其他人員，有前項各款情形之一者，除第三款情形得依規定辦理退休或資遣，及第四款情形依其規定辦理外，應予以免職、解聘或解僱。

教保服務人員或在幼兒園服務之其他人員有前項情形者，幼兒園應報直轄市、縣（市）主管機關備查，直轄市、縣（市）主管機關應將處理情形通報其他直轄市、縣（市）主管機關。

第 28 條　有下列情事之一者，不得擔任幼兒園之負責人、董事長及董事：

一、有前條第一項第一款及第二款所列事項者。

二、曾犯內亂、外患罪，經判決確定或通緝有案尚未結案者。

三、曾服公務因貪污瀆職，經判決確定或通緝有案尚未結案者。

四、褫奪公權尚未復權者。

五、曾任公務人員受撤職或休職處分，其停止任用或休職期間尚未屆滿者。

六、受破產宣告尚未復權者。

七、無行為能力或限制行為能力者。

幼兒園負責人有前項第一款情形者，直轄市、縣（市）主管機關應廢止其幼兒園設立許可；屬法人者，其董事長、董事有前項第一款情形者，直轄市、縣（市）主管機關應令其更換。

第四章　幼兒權益保障

第 29 條　幼兒園應就下列事項訂定管理規定、確實執行，並定期檢討改進：

一、環境、食品衛生及疾病預防。

二、安全管理。

三、定期檢修各項設施安全。

四、各項安全演練措施。

五、緊急事件處理機制。

第 30 條　幼兒進入及離開幼兒園時，幼兒園應實施保護措施，確保其安全。

幼兒園接送幼兒應以經直轄市、縣（市）主管機關核准之幼童專用車輛為之；其規格、標識、顏色、載運人數應符合法令規定，並經公路監理機關檢驗合格；該車輛之駕駛人應具有職業駕駛執照，並配置具教保服務人員資格，或年滿二十歲以上之隨車人員隨車照護，維護接送安全。

前項幼童專用車輛、駕駛人及其隨車人員之督導管理及其他應遵行事項之辦法，由中央主管機關會同交通部定之。

幼兒園新進用之駕駛人及隨車人員，應於任職前最近一年內接受基本救命術訓練八小時以上；任職後每二年應接受基本救命

術訓練八小時以上、交通安全相關課程三小時以上及緊急救護
情境演習一次以上。直轄市、縣（市）主管機關辦理相關訓練、
課程或演習時，幼兒園應予協助。

第 31 條　幼兒園應建立幼兒健康管理制度。直轄市、縣（市）衛生主管
機關辦理幼兒健康檢查時，幼兒園應予協助，並依檢查結果，
施予健康指導或轉介治療。

幼兒園應將幼兒健康檢查、疾病檢查結果、轉介治療及預防接
種等資料，載入幼兒健康資料檔案，並妥善管理及保存。

幼兒園、教保服務人員及其他人員對前項幼兒資料應予保密。
但經家長同意或依其他法律規定應予提供者，不在此限。

第 32 條　幼兒園應依第八條第五項之基本設施設備標準設置保健設施，
作為健康管理、緊急傷病處理、衛生保健、營養諮詢及協助健
康教學之資源。

幼兒園新進用之教保服務人員，應於任職前最近一年內接受基
本救命術訓練八小時以上；任職後每二年應接受基本救命術訓
練八小時以上、安全教育相關課程三小時以上及緊急救護情境
演習一次以上。直轄市、縣（市）主管機關辦理相關訓練、課
程或演習時，幼兒園應予協助。

前項任職後每二年之訓練時數，得併入教保專業知能研習時數
計算。

幼兒園為適當處理幼兒緊急傷病，應訂定施救步驟、護送就醫
地點，呼叫緊急救護專線支援之注意事項及家長未到達前之處
理措施等規定。

第 33 條　幼兒園應辦理幼兒團體保險；其範圍、金額、繳退費方式、期
程、給付標準、權利與義務、辦理方式及其他相關事項之自治
法規，由直轄市、縣（市）主管機關定之。

幼兒申請理賠時，幼兒園應主動協助辦理。

各級主管機關應為所轄之公私立幼兒園投保場所公共意外責任
保險，其經費，由中央主管機關按年度編列預算支應之。

第五章　家長之權利及義務

第 34 條　幼兒園得成立家長會；其屬國民中、小學附設者，併入該校家長會辦理。

前項家長會得加入地區性學生家長團體。

幼兒園家長會之任務、組織、運作及其他相關事項之自治法規，由直轄市、縣（市）主管機關定之。

第 35 條　父母或監護人及各級學生家長團體得請求直轄市、縣（市）主管機關提供下列資訊，該主管機關不得拒絕：

一、教保服務政策。

二、教保服務品質監督之機制及作法。

三、許可設立之幼兒園名冊。

四、幼兒園收退費之相關規定。

五、幼兒園評鑑報告及結果。

第 36 條　幼兒園應公開下列資訊：

一、教保目標及內容。

二、教保服務人員及其他人員之學（經）歷、證照。

三、衛生、安全及緊急事件處理措施。

第 37 條　父母或監護人對幼兒園提供之教保服務方式及內容有異議時，得請求幼兒園提出說明，幼兒園無正當理由不得拒絕，並視需要修正或調整之。

第 38 條　直轄市、縣（市）層級學生家長團體及教保服務人員組織得參與直轄市、縣（市）主管機關對幼兒園評鑑之規劃。

第 39 條　幼兒園之教保服務有損及幼兒權益者，其父母或監護人，得向幼兒園提出異議，不服幼兒園之處理時，得於知悉處理結果之日起三十日內，向幼兒園所在地之直轄市、縣（市）主管機關提出申訴，不服主管機關之評議決定者，得依法提起訴願或訴訟。

直轄市或縣（市）主管機關為評議前項申訴事件，應召開申訴評議會；其成員應包括主管機關代表、教保團體代表、幼兒園

行政人員代表、教保服務人員團體代表、家長團體代表及法律、教育、心理或輔導學者專家，其中非機關代表人員不得少於成員總額二分之一，任一性別成員應占成員總數三分之一以上；其組織及評議等相關事項之自治法規，由直轄市、縣（市）主管機關定之。

第 40 條　父母或監護人應履行下列義務：

一、依教保服務契約規定繳費。

二、參加幼兒園因其幼兒特殊需要所舉辦之個案研討會或相關活動。

三、參加幼兒園所舉辦之親職活動。

四、告知幼兒特殊身心健康狀況，必要時並提供相關健康狀況資料。

第六章　幼兒園管理、輔導及獎助

第 41 條　幼兒園受託照顧幼兒，應與其父母或監護人訂定書面契約。

前項書面契約之格式、內容，中央主管機關應訂定書面契約範本供參。

第 42 條　公私立幼兒園之收費項目、用途及公立幼兒園收費基準之自治法規，由直轄市、縣（市）主管機關定之。

私立幼兒園得考量其營運成本，依直轄市、縣（市）主管機關所定之收費項目及用途訂定收費數額，於每學年度開始前對外公布，並報直轄市、縣（市）主管機關備查後，向就讀幼兒之家長或監護人收取費用。

公私立幼兒園之收退費基準、減免收費規定，應至少於每學期開始前一個月公告之。

幼兒因故無法繼續就讀而離園者，幼兒園應依其就讀期間退還幼兒所繳費用；其退費項目及基準之自治法規，由直轄市、縣（市）主管機關定之。

第 43 條　直轄市、縣（市）主管機關對主管之幼兒園及以社區互助式或部落互助式方式對幼兒提供教保服務者，其優先招收經濟、文

化、身心、族群及區域等不利條件幼兒，應提供適切之協助或補助。

直轄市、縣（市）主管機關辦理前項協助或補助事項有經費不足情形，中央主管機關應視其財力予以補助。

前二項協助或補助之辦法，由中央主管機關定之。

第 44 條　幼兒園各項經費收支保管及運用，應設置專帳處理；其收支應有合法憑證，並依規定年限保存。

私立幼兒園會計帳簿與憑證之設置、取得、保管及其他應遵行事項，應依相關稅法規定辦理。

法人附設幼兒園之財務應獨立。

第 45 條　直轄市、縣（市）主管機關應對幼兒園辦理檢查、輔導及評鑑。

幼兒園對前項檢查、評鑑不得規避、妨礙或拒絕。

第一項評鑑應由直轄市、縣（市）主管機關自行或委託設有幼兒教育、幼兒保育相關科系、所之專科以上學校辦理，並應公布評鑑報告及結果。第一項評鑑類別、評鑑項目、評鑑指標、評鑑對象、評鑑人員資格與培訓、實施方式、結果公布、申復、申訴及追蹤評鑑等相關事項之辦法，由中央主管機關定之。

第 46 條　幼兒園辦理績效卓著或其教保服務人員表現優良者，直轄市、縣（市）主管機關應予以獎勵；其獎勵事項、對象、種類、方式之自治法規，由直轄市、縣（市）主管機關定之。

第七章　罰則

第 47 條　有下列情形之一者，處負責人或行為人新臺幣六萬元以上三十萬元以下罰鍰，並令其停辦；其拒不停辦者，並得按次處罰：

一、違反第八條第一項規定，未經許可設立即招收幼兒進行教保服務。

二、未依第十條所定辦法登記，即招收幼兒進行教保服務。

有前項各款情形之一者，直轄市、縣（市）主管機關並應公告場所地址及負責人或行為人之姓名。

第 48 條　幼兒園之負責人、教保服務人員或其他人員，無正當理由洩漏

　　　　　所照顧幼兒資料者，處新臺幣三萬元以上十五萬元以下罰鍰，
　　　　　並得按次處罰。

第 49 條　違反第十五條第三項、第四項規定者，處行為人新臺幣六千元
　　　　　以上三萬元以下罰鍰，並得按次處罰。

第 50 條　社區互助式教保服務之人員違反依第十條所定辦法有關人員資
　　　　　格、檢查、管理、環境、衛生保健之強制或禁止規定者，應命
　　　　　其限期改善，屆期仍未改善者，處新臺幣三千元以上三萬元以
　　　　　下罰鍰，並得按次處罰，其情節重大或經處罰三次後，仍未改
　　　　　善者，得廢止其登記。

第 51 條　幼兒園有下列情形之一者，處幼兒園負責人新臺幣六千元以上
　　　　　三萬元以下之罰鍰，並令其限期改善，屆期仍未改善者，得按
　　　　　次處罰，其情節重大或經處罰三次後仍未改善者，得為減少招
　　　　　收人數、停止招收六個月至一年、停辦一年至三年或廢止設立
　　　　　許可之處分：

　　　　　一、違反第十五條第一項規定，進用未具教保服務人員資格者
　　　　　　　從事教保服務。

　　　　　二、違反第十五條第二項規定，借用未在該園服務之教保服務
　　　　　　　人員資格證書。

　　　　　三、違反第二十六條第一項規定，以派遣方式進用教保服務人
　　　　　　　員。

　　　　　四、違反第二十七條第二項規定，知悉園內有不得擔任教保服
　　　　　　　務人員或其他人員而未依規定處理。

　　　　　五、違反第二十八條第二項規定，幼兒園之董事長或董事有不
　　　　　　　得擔任該項職務之情形而未予以更換。

　　　　　六、違反第三十條第二項規定，以未經核准之車輛載運幼兒、
　　　　　　　載運人數超過汽車行車執照核定數額、未依幼童專用車輛
　　　　　　　規定接送幼兒、未配置具教保服務人員資格或年滿二十歲
　　　　　　　以上之隨車人員隨車照護幼兒。

　　　　　七、違反第三十三條第一項規定，未辦理幼兒團體保險。

八、違反第四十二條第二項規定，未將收費數額報直轄市、縣
　　（市）主管機關備查、以超過備查之數額及項目收費，或
　　未依第四十二條第四項所定自治法規退費。

九、違反依第四十五條第四項所定辦法有關評鑑結果列入應追
　　蹤評鑑，且經追蹤評鑑仍未改善。

十、違反第五十六條第一項規定，幼兒園未於本法施行之日起
　　一個月內將在職人員名冊，報直轄市、縣（市）主管機關
　　備查。

十一、招收人數超過設立許可核定數額。

十二、提供不安全之設施設備。

第 52 條　幼兒園有下列情形之一者，應令其限期改善，屆期仍未改善者，
　　　　處幼兒園負責人新臺幣三千元以上三萬元以下罰鍰，並得按次
　　　　處罰，其情節重大或經處罰三次後仍未改善者，得為減少招收
　　　　人數、停止招收六個月至一年、停辦一年至三年或廢止設立許
　　　　可之處分：

一、違反依第八條第五項所定標準有關幼兒園之使用樓層、必
　　要設置空間與總面積、室內與室外活動空間面積數、衛生
　　設備高度與數量，及所定辦法有關幼兒園改建、遷移、擴
　　充、更名、變更負責人或停辦之規定。

二、違反依第十二條第二項所定準則有關幼兒園之教保活動、
　　衛生保健之強制或禁止規定。

三、違反第十八條第一項至第五項、第七項及第八項置廚工之
　　規定。

四、違反第二十七條第三項規定，未將處理情形報備查，違反
　　第三十條第三項所定辦法之強制或禁止規定。

五、違反第三十二條第四項規定，未訂定注意事項及處理措施。

六、違反第四十五條第二項規定，規避、妨礙或拒絕檢查或評
　　鑑。

七、經營許可設立以外之業務。

第 53 條　幼兒園有下列情形之一者，應令其限期改善，屆期仍未改善者，處幼兒園負責人新臺幣三千元以上一萬五千元以下罰鍰，並得按次處罰，其情節重大或經處罰三次後仍未改善者，得為減少招收人數、停止招生六個月至一年、停辦一年至三年或廢止設立許可之處分：

　　一、違反第十六條第一項規定，未建立教保服務人員參與教保服務及員工權益重要事務決策之機制。

　　二、違反第十七條規定，未提供教保服務人員相關資訊、違反第十九條第二項規定，拒不開立服務年資證明。

　　三、違反第二十六條第三項規定，未將所聘任之園長報經直轄市、縣（市）主管機關核定。

　　四、違反第十五條第五項、第二十九條、第三十條第一項或第四項、第三十一條第一項或第二項、第三十二條第一項或第二項、第三十三條第二項、第三十六條、第三十七條、第四十一條第一項、第四十二條第三項、第四十四條規定。

　　幼兒園為法人，經依前項或第五十一條、第五十二條、第五十五條第一項規定廢止設立許可者，直轄市、縣（市）主管機關應通知法院令其解散。

第 54 條　本法所定糾正、命限期改善及處罰，由直轄市、縣（市）主管機關為之。

第八章　附則

第 55 條　本法施行前之公立托兒所、幼稚園或經政府許可設立、核准立案之私立托兒所、幼稚園，應自本法施行之日起一年內，申請改制為幼兒園，其園名應符合第八條第五項所定辦法之規定，屆期未申請者，應廢止其設立許可，原許可證書失其效力。但依兒童及少年福利法許可兼辦托嬰中心之私立托兒所，應於本法施行之日起二年內申請完成改制。

　　本法施行前私立托嬰中心已依兒童及少年福利法許可兼辦托兒所，其托兒部分符合兒童及少年福利機構設置標準專辦托兒業

務及完整專用場地之規定，得獨立辦理托兒業務者，應於本法施行之日起二年內申請完成改制。

第一項托兒所依法許可設立之分班，應併同本所辦理改制作業。

前三項改制作業，應由直轄市、縣（市）主管機關通知各該幼稚園及托兒所檢具立案、備查或許可設立證明文件、建築物公共安全檢查簽證及申報辦法所定檢查期限內申報合格結果之通知書，向直轄市、縣（市）主管機關申請；其作業及其他應遵行事項之辦法，由中央主管機關定之。

依第一項至第三項規定，由原托兒所改制為幼兒園者，第十八條第四項所定人力配置，至遲應於本法施行滿五年之日起符合規定；由私立幼稚園改制之幼兒園，其於本法公布前，業經直轄市、縣（市）政府核定之代理教師，於本法施行之日起五年內，任職於原園者，得不受本法第十五條第一項前段及第三項規定之限制。

本法施行前，已依兒童及少年福利法許可兼辦托兒所者，於本法施行之日起二年內應停止辦理；已依兒童及少年福利法許可兼辦其他業務之托兒所，除國民小學兒童課後照顧服務外，亦同。

本法施行後，各幼兒園原設立許可之空間有空餘，且主要空間可明確區隔者，得於報直轄市、縣（市）主管機關核准後，將原設立許可幼兒園之部分招生人數，轉為兼辦國民小學階段兒童課後照顧服務之人數；其核准條件、管理及其他應遵行事項之辦法，由中央主管機關定之。

自本法施行之日起一年內，於完成改制前之托兒所、幼稚園，應由本法施行前之原主管機關依原有法令管理。

第 56 條 本法施行前之公立托兒所、幼稚園或經政府許可設立、核准立案之私立托兒所、幼稚園，應於本法施行之日起一個月內，將符合各該法令規定之在職人員名冊報直轄市、縣（市）主管機關備查。

本法施行前，已取得托兒所所長、幼稚園園長、助理教保人員、教保人員、幼稚園教師資格，且於本法施行之日在職之現職人員，依下列規定轉換其職稱，並取得其資格：

一、托兒所所長、幼稚園園長：轉稱幼兒園園長。

二、托兒所助理教保人員、教保人員：分別轉稱幼兒園助理教保員、教保員。

三、幼稚園教師：轉稱幼兒園教師。

第一項經備查名冊且符合前項所定轉換資格者，併同前條幼兒園改制作業辦理在職人員職稱轉換作業。

第 57 條 本法施行前已具下列條件，於本法施行之日未在職，而自本法施行之日起十年內任職幼兒園者，得由服務之幼兒園檢具教保服務人員名冊及相關訓練課程之結業證書，向直轄市、縣（市）主管機關申請分別取得園長、教保員、助理教保員資格，不受第十九條、第二十一條及第二十二條規定之限制：

一、業經直轄市、縣（市）政府依法核定在案之幼稚園園長、托兒所所長、已修畢兒童福利專業人員訓練實施方案戊類訓練課程，或已依兒童及少年福利機構專業人員資格及訓練辦法規定修畢托育機構主管核心課程並領有結業證書者，得取得園長資格。

二、已修畢兒童福利專業人員訓練實施方案具保育人員資格、或已依兒童及少年福利機構專業人員資格及訓練辦法規定修畢教保核心課程並領有結業證書者，得取得教保員資格。

三、已修畢兒童福利專業人員訓練實施方案具助理保育人員、或已依兒童及少年福利機構專業人員資格及訓練辦法規定修畢教保核心課程並領有結業證書者，得取得助理教保員資格。

本法施行之日在幼稚園擔任教師，或在托兒所擔任教保人員，其於本法施行前已具前項第一款條件，於前項年限規定內任園長者，得取得園長資格。

第 58 條　本法施行前已依建築法取得 F3 使用類組（托兒所或幼稚園）之
　　　　　建造執照、使用執照，或已依私立兒童及少年福利機構設立許
　　　　　可及管理辦法規定取得籌設許可之托兒所，或依幼稚教育法規
　　　　　定取得籌設許可之幼稚園，於本法施行後二年內得依取得或籌
　　　　　設時之設施設備規定申請幼兒園設立許可，其餘均應依本法第
　　　　　八條第五項設施設備之規定辦理。

第 59 條　本法施行細則，由中央主管機關定之。

第 60 條　本法自中華民國一百零一年一月一日施行。

附錄2　幼兒園兼辦國民小學兒童課後照顧服務辦法

1. 中華民國一百零一年三月十九日教育部臺參字第1010043016C號令訂定發布全
   文11條；並自一百零一年二月一日施行

第1條　本辦法依幼兒教育及照顧法（以下簡稱本法）第五十五條第六
　　　　項規定訂定之。

第2條　幼兒園具下列各款條件者，得申請將原許可招收幼兒之部分人
　　　　數，轉為兼辦國民小學階段兒童課後照顧服務之人數：

　　　　一、原設立許可空間有空餘。

　　　　二、有國民小學階段兒童課後照顧服務專用之室內活動室。

　　　　三、幼兒專用室內活動室與國民小學階段兒童課後照顧服務專
　　　　　　用室內活動室可明確區隔。

　　　　前項兼辦國民小學階段兒童課後照顧服務之人數，不得超過幼
　　　　兒園原核定招收幼兒人數之二分之一，且每班以三十人為限。

　　　　前二項規定於幼兒園之分班，不適用之。

第3條　前條申請，應填具申請書，並檢具下列文件，向直轄市、縣
　　　　（市）主管機關為之，經核准後始得辦理：

　　　　一、負責人國民身分證影本。

　　　　二、兒童課後照顧服務計畫書。

　　　　三、幼兒園與兒童課後照顧服務人員編制及人力運用計畫。

　　　　四、建築物位置圖、平面圖及其概況：包括建築物使用執照影
　　　　　　本、建築物竣工圖、消防安全設備圖說及消防安全機關查
　　　　　　驗合格之證明文件，並以平方公尺註明樓層、各隔間面積、
　　　　　　用途說明及室內外總面積。

　　　　五、兒童課後照顧服務專用之設施及設備檢核表。

第4條　前條第五款之設施及設備，應符合下列規定：

　　　　一、招收兒童十五人以下之班級，其專用之室內活動室面積不

得小於三十平方公尺；十六人以上之班級，每室不得小於六十平方公尺。但室內活動室面積得採個別兒童人數計算方式為之，每人室內活動空間不得小於二點五平方公尺。

二、提供符合國民小學階段兒童需求之桌椅、用品及教具等設備。

三、提供符合國民小學階段兒童尺寸之衛生設備。

前項第一款之面積，不包括陽臺、牆、柱、出入口淨空區及盥洗室（含廁所）等非供兒童活動之空間。

第一項第三款之衛生設備，應與二歲以上至入國民小學前幼兒明確區隔，且不得共用；其數量應依建築法及其相關法規有關小學建築物之規定辦理。

國民小學階段兒童與二歲以上至入國民小學前幼兒使用室外活動空間之時間，應有區隔。

第 5 條　幼兒園兼辦國民小學階段兒童課後照顧服務，每招收兒童二十人，至少置課後照顧服務人員一人；未滿二十人以二十人計。

前項國民小學階段兒童不得與幼兒園幼兒混合編班。

第 6 條　直轄市、縣（市）主管機關受理幼兒園申請兼辦國民小學階段兒童課後照顧服務後，應於二個月內完成審查。但情形特殊者，不在此限。

經直轄市、縣（市）主管機關審查未通過者，直轄市、縣（市）主管機關應連同理由通知申請人。

第 7 條　幼兒園經直轄市、縣（市）主管機關核准兼辦國民小學階段兒童課後照顧服務者，直轄市、縣（市）主管機關應換發設立許可證書。

前項換發之設立許可證書，應載明兼辦國民小學階段兒童課後照顧服務之業務。

第 8 條　幼兒園有停止兼辦國民小學階段兒童課後照顧服務之必要，應填具申請書，敘明理由及在園兒童之安置方式，並檢具相關文件，向直轄市、縣（市）主管機關申請，經核准後始得辦理，

並應對外公告。

　　前項停止兼辦國民小學階段兒童課後照顧服務之人數，有再轉為原招收幼兒人數之必要時，應重新申請或併前項申請為之，經直轄市、縣（市）主管機關核准後，始得辦理。

第 9 條　幼兒園提供國民小學階段兒童課後照顧服務，其服務內容、人員資格及收退費規定，準用依兒童及少年福利與權益保障法第七十六條第三項規定訂定之兒童課後照顧服務中心相關規定辦理。

第 10 條　幼兒園兼辦國民小學階段兒童課後照顧服務及其他相關管理事項，依本辦法、本法與其相關法規、建築法與其相關法規規定辦理。

　　幼兒園除依本法第五十五條第五項規定或依本辦法申請經核准兼辦國民小學階段兒童課後照顧服務者外，不得辦理國民小學階段兒童課後照顧服務。

第 11 條　本辦法自中華民國一百零一年二月一日施行。

幼兒園經營與管理

吳金香、林家蕙

　　「追求品質的不斷提昇，創造卓越的績效」是幼兒園與企業共同追求的目標。近年來，隨著科技發展的快速化、社會的多元化與民主化，社區家長的要求不斷增加，幼兒園生態教育環境面臨愈來愈多的挑戰。國外學者 Rigsby 和 Greco（2004）認為，成功的組織策略在於如何做好資源整合、管理，以及持續、積極可能的行動。幼兒園的經營更要講究策略，透過行銷的理念，讓消費者了解幼兒園的辦學績效與特色。值此社會不斷變遷、全球化激烈競爭的趨勢，如何做好資源整合與管理將是幼兒園經營與管理亟需面對的課題。謹就幼兒園經營與管理關鍵概念列述如下。

壹、策略規劃

　　策略規劃的基礎是策略思考，是決定組織中長程目標的一套系統方法（榮泰生，1992），亦即以策略指導機構未來的發展方向、決定內部資源分配的方式，影響機構未來的定位與成敗甚鉅（彭淑芬，2002）。策略規劃的基本目的是為企業達成目標，規劃的內部目的是整合所有部門的功能，避免部門各自為政，而能

同步化、互助合作以達成企業目標。規劃的外部目的則是尋求機會，從中獲得利潤，並降低影響企業的不確定性事項，使威脅降到最低，藉由抓著機會及降低威脅而提高企業獲利能力及成功機會（林永順，1990；彭淑芬，2002）。

策略規劃依時間可劃分為短、中、長期規劃，並可依規劃需求細分為四個階段，即(1)基本的財務規劃（basic financial planning）：在符合預算的要求下，尋求更佳的作業控制；(2)預測導向的規劃（forecast-based planning）：企圖預測明年以後的情況，來尋找更有效的成長策略；(3)外部導向的規劃（externally-oriented planning）：以策略思考的眼光，尋找更能因應市場及競爭的方法；(4)策略管理（strategic management）：透過有效的策略運用及過程，使得企業能夠成長茁壯，獲得競爭優勢，並使得資源的利用達到最適化（林永順，1990）。

詹儒元（2008）認為企業機構的構成要素有四：即場地與設備、組織與人員、資金、業務等，因此，其經營策略至少應涵蓋上述四方面；其可供思考的方針大致如下所述：

1. 場地與設備方面：包含(1)其他場區規劃與設置；(2)生產、研發、檢測及辦公等設備規劃與設置；(3)設備更新與改善。
2. 組織與人員方面：包含(1)組織變革（改造）；(2)管理發展；(3)任用與薪酬；(4)專業能力培育與生涯規劃；(5)績效評估與獎懲措施。
3. 財務方面：包含(1)收支預測；(2)資金調配；(3)資產管理。
4. 業務方面：包含(1)產品／服務水平整合；(2)產品／服務垂直整合；(3)市場策劃；(4)策略聯盟；(5)內部創業。

Glueck 指出，策略規劃的作業程序包含四個步驟：(1)評價（appraisal）：企業或組織根據本身規模、資源分布優缺點，對

所處實際環境做研究分析，以判斷企業或組織的發展機會與威脅；(2)選擇（choice）：企業根據本身條件與環境的分析，擬訂、判斷、選擇最適當的發展策略；(3)實施（implementation）：企業或組織選定策略後，根據所擬定的規劃政策與計畫，重新調配現有人力、財務、物料等資源做出配合，務求發展策略有效實施；(4)評估（evaluation）：企業組織按照計畫實施後，在預定的期限內做出評核，以判斷策略的成效，及是否達到企業目標（引自彭淑芬，2002）。

貳、策略管理

策略管理決定企業是否能夠生存、進而獲得卓越績效的策略和行動，強調組織應持續地監控內外部事件與趨勢，以期能在需要的時候即時變革（方世榮譯，2004）。在工商企業組織中，策略管理已被應用，甚至獲致不錯成效，但「策略管理」在幼兒園經營上還是陌生的字眼。

David（2005）認為，策略管理可以被定義為形成、執行及評估能讓組織達成目標之跨功能決策的一種藝術與科學。

Pearce 和 Robinson（2005）將策略管理定義為，為了達成公司的目標、公司任務的形成，進行一系列內部分析、外部環境評估、內部資源與外部環境的相互搭配、公司長期策略與目標的評估、預算資源分配，俾做出最滿意的決策與行動。

Dess 和 Lumpkin（2003）將策略管理定義為，組織為了達成創新和提昇競爭優勢，所採取的分析、決策和行動的過程。

洪興立（2005）主張，策略管理可為企業制定策略、爭取企

業競爭優勢，協助管理人建立策略思維、尋求顧客的價值觀，令員工有投入感，從而發揮奮鬥精神，保持長期競爭優勢。

吳定（2004）指出，所謂策略管理係指管理者有意識的選擇政策、發展能力與詮釋環境，以集中組織的努力達成既定的目標。

策略管理不但能協助學校行政經營者面對複雜、變動環境的挑戰，更重視相關環境的改變而預作處理因應、協助學校走向未來發展，促使學校目標的達成，使學校教育邁向永續發展的理想（江志正，1997）。策略管理更能使組織不同部門主管為了達成相同的目標，共同為使組織得以繼續生存，求得更大的發展，配合組織內外環境變化，運用適當的分析方法，致力於自我資源與外在環境的威脅及機會的整合，確定組織目標和任務，形成發展策略，逐步導向未來所欲的目標。

參、策略聯盟

策略聯盟（strategic alliance）又稱夥伴關係（partnership），其概念主要源自企業管理領域（無論是營利機構或非營利機構）。策略聯盟係指兩個以上的個體或機構間，在策略目標的考量下，自主地進行資源交換或創造的過程，並形成一種持續而正式的關係。策略聯盟之風始於美國大企業的技術合作，近年來隨著經濟和國際關係的突飛猛進，非但歐、日等先進工業國家，就連台、港、韓等新興工業國家企業也都群起效尤，蔚為風氣。因此，在不同的環境中也孕育了不同研究者的不同定義。

吳青松（1991）認為，策略聯盟乃是競爭者之間非市場導向之公司間交易，包括科技間相互移轉、共同行銷、合作生產、研

發及少數或同等股權投資（合資企業）等。

　　吳清山和林天祐（2002）認為，策略聯盟是指組織之間為了突破困境、維持或提昇競爭優勢，而建立的短期或長期的合作關係。

　　施祐吉（2004）認為，策略聯盟係一個以上的學校主體，經正式契約方式，發揮結盟各校的優點，達到互補互利的目的，在聯盟內進行資源的分享、共同的研究、組織的學習等合作策略，以增進聯盟整體的成長，達成聯盟學校長期的理想目標，達到聯盟內合作、聯盟外因應競爭的關係。

　　蔡東利（2003）認為，策略聯盟是兩家或兩家以上企業為突破困境、維持或提昇市場競爭優勢，基於互惠原則之下，各企業仍維持獨立的法律個體而簽定彼此契約；透過資源交換、互補，各自達成組織階段性目標，所建立的長、中、短期合作關係之過程。

　　Borys 和 Jemison（1989）認為，聯盟是透過組織安排，以運用資源或統治機制。聯盟可以包含不同的規模、形式和目的，以及購併、合資、授權合約與供應協定。

　　Rigby 和 Buchanan（1994）認為，不同公司為了達成相同的目標而共同投入資源，然後結合事業的某些部分而形成合夥關係，謂之「策略聯盟」。

　　總而言之，策略聯盟是兩個或兩個以上學校組織，為了某種特殊的策略目的，而在教學、課程發展、研究等專業技術，以及教學、人員、設備上相互提供或交換資源，藉以創造有利的條件、強而有力的競爭優勢，以利共同目的之達成的短期或長期的合作關係。在強調教學績效的達成、全面品質管理及附加價值之創造下，透過不同幼兒園之間彼此合作、共享資源的聯盟機制，

增進幼教學生之文化刺激，及與其他幼兒園所之互動關係，有效提昇教育品質，強化組織學習的動力，增進幼兒園效能產出，謀求幼兒園的永續發展，策略聯盟為這些提供一個可行的途徑。

肆、園所經營模式

目前園所經營組織型態大致分為：公立園所、公辦民營園所及私立園所三種。

一、公立園所

公立園所主要以學校、農會及地方行政組織附設園所居多，也有獨立行政單位的園所。其特色為學校人事聘任由主管機構派任、學校行政作業受主管機構管轄，如國小附設幼稚園的園長多由國小校長兼任，教師亦經公開甄試後由校長聘任，園所的行政及資源亦為國小行政單位負責。

二、公辦民營園所

公辦民營是指政府設立學校，委由民間團體經營，可視為介於半公半私的一種學校組織，由政府提供房舍、設備，民間提供福利服務性機構，並得就其所提供之設施或服務，酌收必要費用等（張清溪，1998）。公辦民營園所的方式有兩種：管理合約和民間承包。

(一) 管理合約方式

由教育行政機關與民間團體簽訂合約，雙方分別就經營目標、經費、時間、條件、內容、方式、學生評量等方面達成協議，民間團體依據合約來經營學校。依這種方式，政府負擔教育經費，經營權在私人手中，民間團體以其本身經營能力賺取管理費，如台北「育航幼稚園」。

(二) 民間承包方式

由民間團體向政府承包合約，定期向政府繳交承包費，並由民間團體自負學校盈虧責任，如宜蘭「慈心幼稚園」。

三、私立園所

私立園所的經營型態多元，主要有家族經營、連鎖加盟、宗教團體設立、企業附設等類型。

(一) 家族經營園所

這是指園所所有權由家族成員控制，且家族成員掌握主要經營權及管理決策，園所內的員工及教師則不一定皆為家族成員；由於家族園所受限於一個家族成員的構成份子，也常受限於當地文化。

(二) 連鎖經營園所

連鎖經營體制可迅速擴大市場占有率，易形成多據點的服務行銷、集體進貨與宣傳，不僅可使成本降低、風險分散及與社區相結合，也可提昇園所的競爭力。連鎖加盟園所的經營型態有三：

1. 直營園所：所有權屬於總公司，經營兩家或兩家以上性質相同的園所，藉以追求權能分立及拓展等經濟效益，並以同步運作的形式來吸引家長及學生，如「四季藝術學園」等。

2. 加盟園所：連鎖總公司發起，再由加盟園所自願加入，並以契約來協定彼此的權益關係；但各自擁有自主權，連鎖總公司提供各加盟園所經營上的協助與輔導，而加盟園所須支付加盟費用。主要目的在達成規模利益與專業化的管理，如「保進文教機構」等。

3. 特許加盟園所：連鎖總公司給予訓練、採購和管理上的協助，也要求加盟者支付相當的代價以為報償。而連鎖總公司的收入來自權利金與加盟金。此種體系興起的目的，在於使產品創新者或製造商藉此作為滲透市場的方法，另一方面可使擁有資金者和擁有經營技術者得以互相結合，共同開創事業（黃憲彥，1995），如「東森幼兒園」等。

(三) 宗教團體設立園所

這是指由民間各種宗教團體設立的幼兒園所，在環境或課程安排會有部分的宗教意涵及活動。由於宗教團體多以財團法人組織成立，故其所設園所便依設立目的而分私立園所和財團法人園所兩種。其中較顯著差異存在於學校組織制度及財務稅制的不同，但學校組織大致以董事會聘任園所長，再由園所長管理園所事務的形式為主。

(四) 企業附設園所

這是企業用以吸引並留住人才的福利制度，附設收費低廉的日間托兒所以配合員工上班需求，如「宏碁企業附設托兒所」。

伍、幼兒班級經營

班級經營是指教師或學生遵循一定的準則，適當且有效地處

理班級中的人事時地物，以發揮教學效果，達成教學目標的歷程。它包含班級的教學、班級的行政與常規、班級的時間管理、班級的環境安排與師生之間的關係等（陳木金，2003）。

　　在幼兒班級經營的課題上，有四項重要工作：教學、保育、園務及親職教育。教學上包含教師對幼兒課程及實施教學的方式；保育則包含教師對班級的所有了解及照顧幼兒，其中班級常規的規範常會影響班級氣氛；園務則指園所的教育理念及課程特色，也包括幼兒每天的生活作息規劃和園所管理的方式；親職教育則著重在與家長的溝通和了解幼兒家庭狀況，並提供家長關於親子互動的策略及觀念。

　　教師在進入班級、開始面對幼兒事務之前，應先規劃一份班級經營計畫，用來幫助表現教師對幼兒的期望及教學的構想，另一方面也提供家長了解教師的教學與保育的方式，增進親師良好的互動關係。

陸、藍海策略

　　這是一種「價值創新」的策略，強調價值的重塑和創新，不偏頗在技術的創新或突破，而是同時重視市場的差異化和低成本，來開創尚未開發的發展空間。

　　這是 Kim 和 Mauborgne 提出的一套方法論（黃秀媛譯，2005），破除競爭為中心的策略思考邏輯，以價值創新為中心思想，透過六大原則與四大行動架構，使用策略行動（strategy move）為分析單位，建立藍海策略草圖（strategy canvas）的價值曲線，尋求企業與顧客的價值同時躍進。

實施藍海策略的步驟依序為：消去（eliminate）習以為常的因素；降低（reduce）干擾品質表現的因素；提昇（raise）已保有之品質表現的因素；創造（create）從未被提供的因素。

柒、紅海策略

這是指市場競爭中，陷於紅海的企業只會延續傳統作法，以價格、促銷等降低利潤求取生存的割喉競爭方式，其下場就成了血染成河的「紅海」，不分敵我都必須承受獲利縮減的結果。

捌、學校（幼兒園）行銷

在一般印象中，行銷（marketing）一詞似乎與教育事業無關；事實上，早在 1969 年科特勒（Kotler）的〈擴大行銷觀念〉一文（Kotler & Levy, 1969）中，即已提出有關非營利機構行銷的基本觀念：「行銷是一種廣泛的社會活動，其範圍不應限於一般商品。」現今是個行銷掛帥的時代，行銷已不再是工商企業的專利，學校的經營者更應注重學校形象的管理與建立全員行銷的觀念，藉由行銷途徑，將學校的辦學理念與特色傳達給社區的每位居民與家長。

李小芬（2001）認為，學校行銷即是把教育當作一個市場，學校能善用市場區隔，找出目標大眾，以良好的課程、師資、設備、學習資源及適當的宣傳方式，為學校提昇競爭力的一種社會過程。黃義良（2002）將學校行銷界定為：學校透過計畫與執行

相關活動，使社區、家長了解並支持學校的辦學理念、教學、課程實施與相關活動，使學生樂於就讀、教師樂於任教，而利於達成學校預期教育目標的社會性歷程。彭曉瑩（2002）認為，學校行銷是將行銷觀念應用在學校，對學校亦進行行銷規劃管理的完整過程。主要分為「內部行銷」與「外部行銷」，其內容重點包含「學校行銷理念」、「學校行銷組合」和「招生推廣策略」三層面。

觀諸當前教育行銷觀念應用於教育之重要性，肇因於下列背景因素。

(一) 決策系統改變

過去由上而下的方式已轉變成由下而上，過去以行政機關為中心的管理，轉變成以學校本位管理。而在學校又從傳統行政人員、教師為中心，改以學生之需要為中心訴求。

(二) 外在社會環境的急速變遷

現今是一個民主、開放、多元的社會，此一時代趨勢也促進學校組織跟著起了大幅度的變動。尤其是加入 WTO 組織後所面臨的環境改變、教育機構的快速擴充、競爭者的出現和增加，都促使學校不得不注重自我行銷，以提昇競爭力。

(三) 要求教育品質提昇的教育改革呼聲

因應一連串的教育改革、九年一貫課程的實施，以及要求教育品質的提昇，創造學校風格與形象，並讓所有成員及社會大眾了解，最好的方法就是透過行銷來建立學校與社會大眾良好的關係（鄭勵君，1998）。

面對日益競爭的社會環境，幼兒園再也不能只是關起門來辦教育而無視社會的快速變遷。如何透過良好的課程、師資、設備、學習資源的規劃，形塑優良的幼兒園文化，並將幼兒園特色

與辦學理念經由行銷策略與家長、社區達成多元良性互動，進而提昇幼兒園的競爭力，以滿足社區、家長需求，已是幼兒園教育工作者必須正視的議題。

 # 玖、全面品質管理

全面品質管理（Total Quality Management, TQM）係屬一種廣博的經營哲學觀，以及一組具有「典範完整性」（paradigm wholeness）的理念。吳煥烘（2004）認為，全面品質管理是一門以顧客為導向的經營管理哲學，它強調組織必須藉由持續不斷的改善，及透過成員的全員參與和團隊合作，採用系統化的管理策略與科學化的方法和技術來改善組織營運，提昇組織產品與服務品質，並滿足目前與未來顧客的需求與期望。

Crumrine 和 Runnrels（1991）認為，全面品質管理是一種領導哲學，在使組織中每個人能承諾追求持續改善品質的過程，並依事實做決定，以團隊合作達成提供顧客所需的高品質產品與服務。Kano（1993）則認為，全面品質管理係在組織內部技術的基礎上，先建立品質的意圖及動機，再經由觀念變革、技術改進、工具應用等三項中介過程，將意圖與動機緊密連結，形成完整的全面品質管理內涵。

林俊成（1999）主張，全面品質管理具有下列基本意涵：(1)全面品質管理是一門經營管理哲學，目的在於改變組織的品質文化，提昇成員的品質意識；(2)組織品質的改善是組織內每一個成員的責任，需要所有成員共同參與和投入；(3)重視成員的教育訓練，強調人力資源的發展與持續的學習；(4)藉由系統的管理策

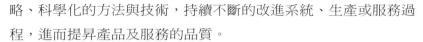

略、科學化的方法與技術，持續不斷的改進系統、生產或服務過程，進而提昇產品及服務的品質。

　　總而言之，全面品質管理強調以顧客為主、不斷改善、團隊工作的觀念，透過培養視野、整體分析、訓練與問題解決、教育、制度化等五個施行階段，超越層級節制的部門劃分和組織界線，蘊含以「提昇品質」為中心思想與指導原則，使組織在有限財政及人力資源下，達成績效的提昇。

拾、幼兒園風險管理

　　風險管理（risk management）是減少危機發生機率的方式，幼兒園風險管理是針對幼兒在園所中的健康、安全、營養各方面進行保護、促進及預防的動作。風險管理應用在照顧兒童方面包含健康、安全及營養風險的管理（賈璟祺、陳彥文譯，2004）。

一、健康管理

　　幼兒在健康風險可能產生的後果包括：疾病、感染、心理失衡、發展障礙、殘障、死亡等，因此，可利用幼兒健康紀錄（如健康記錄卡、接種卡、基本資料等）及園所健康檢查日程，並且安排緊急事件處理流程與聯絡網，對平時學生服藥及出勤情形做紀錄。也針對學生的視力、聽力、口腔及流行疾病等議題規劃衛教實施日程，確實維持學校內保健中心藥品與設備的完善，以及臨近醫院的支援及聯繫，來預防幼兒的健康風險。最重要的是每位人員都應具備急救訓練及應變能力，才能確實達到保護幼兒健

康管理工作。

二、安全管理

園所在幼兒安全風險可能產生的後果包括：意外、殘障，甚至死亡。因此，可利用園所環境及設備安全查核單、受傷紀錄及報告、園所環境及活動安全準則與演練等方式來避免風險的產生。尤其是安全檢核表在園所環境及設備安全上的運用更是便利，如每年都有例行申報的建築物公共安全及消防安全檢查，並且建立消防安全編組訓練及安全教育等；遊樂設施每年需進行檢查及維修等作業皆可使用檢核表。運用「傷害成因 ABC」的原則——調整環境、修正行為、監看兒童及防護行為教學等方式，亦有助於創造一個安全遊戲環境。另外，交通安全對園所安全管理也是一項重點，除了人員應具備專業證照及訓練外，更應建立學童乘車紀錄及名冊，以檢核學童的乘車情形和上下車安全。

三、營養管理

幼兒的營養風險可能產生的後果包括：發展遲緩、成長阻滯、健康不佳，以及缺乏抵抗力，因此，可利用營養及衛生檢核表來維護食物均衡、飲水及器具的清潔及衛生。在食物的營養規劃上，除了學校自行依教育部發行學童菜單予以設計外，應再由營養師協助評估，以達到食物健康美味均衡的品質，並由具備丙級廚師證照的專任廚務人員來負責烹調；對於用餐禮儀也是學習的重點，所以應在日常活動中規劃餐點禮儀活動，以培養學童的正確飲食習慣。

拾壹、人力資源管理

　　人力資源是組織的主體、管理的靈魂，人力資源管理幾乎就是組織的管理（陳義明，2005）。人力資源管理得當，組織運作自然上軌道，從而提昇組織效能。隨著知識經濟時代的來臨，幼兒園面臨比過去更為嚴苛之挑戰，其成敗關鍵來自於教師人力資源的有效提昇。

　　所謂人力資源管理是指組織內所有人力資源的開發、發掘、培育、甄選、運用、遷調、升遷、考核和管制的一切歷程和活動（陳義明，2005）。張火燦（2000）認為人力資源管理除了處理員工的任用、績效評估、薪酬、訓練等事項外，更增添策略性的功能，例如參與企業經營策略的制定。Dessler（1994）則認為所謂的人力資源管理應包含招募遴選、升遷與派任、訓練與發展、薪資福利、勞資關係、就業保障與勞工安全等。

　　就人力資源管理的實質內容而言，人力資源管理可分為理論基礎與實務運作兩部分。理論基礎包括激勵管理、態度與士氣、人群關係、領導行為、意見溝通、管理發展等課題，用以指導人力資源管理者的理念；至於實際運作方面，是人力資源管理的實際業務，舉凡：工作設計、人力規劃、員工甄選、任用遷調、出勤差假、員工訓練、薪資訂定、員工福利、退休資遣、保險撫卹等（張明輝，2002）。

　　人力資源管理以人為主要核心，從以往員工的一般功能性事務，例如：招募、甄選、訓練、薪酬及績效評估等，轉變成與組織整體策略有著密不可分的關係，並根據企業組織的需求，將人

力資源做最有效的運用與管理，和其他功能部門的充分配合與相互協助，進而達到企業組織的策略目標。

 # 拾貳、幼兒園教師資格

依《師資培育法》（教育部，2005）第 7 條規定，幼兒園教師需經過師資培育過程完成師資職前教育及教師資格檢定。師資職前教育課程包括普通課程、專門課程、教育專業課程及教育實習課程。

依《師資培育法》（教育部，2005）第 8 條規定，師範院校幼兒教育系學生修習師資職前教育課程者，含其本學系之修業期限以四年為原則，並另加教育實習課程半年。成績優異者得依《大學法》（教育部，2011a）規定提前畢業，但半年之教育實習課程不得減少；第 9 條規定設有師資培育中心之大學，得甄選大學二年級以上及碩、博士班在校生修習師資職前教育課程。修習課程時間至少一年，並另加教育實習課程半年；第 10 條規定，持國外大學以上學歷者，經中央主管機關認定其已修畢第 7 條第二項之普通課程、專門課程及教育專業課程者，得向師資培育之大學申請參加半年教育實習，成績及格者，由師資培育之大學發給修畢師資職前教育證明書。

依《師資培育法施行細則》（教育部，2011b）第 3 條定義普通課程為學生應修習之共同課程；專門課程為培育教師任教學科、領域專長之專門知能課程；教育專業課程為培育教師依師資類科所需教育知能之教育學分課程；教育實習課程為培育教師之教學實習、導師（級務）實習、行政實習、研習活動之半年全時

教育實習課程。其中教育專業課程及教育實習課程合稱教育學程。

　　因此，幼教師可經由國內師範院校幼教系、一般大學師資培育中心所開設的幼教學程經半年實習後，通過幼稚園教師資格檢定，始得成為合格幼稚園教師（幼兒園教師）。

拾參、保母及證照

　　根據「兒童及少年福利機構專業人員資格及訓練辦法」第 2 條之規定（衛生福利部，2012），該法所稱兒童及少年福利機構（以下簡稱機構）專業人員，其定義如下：

1. 托育人員：指於托嬰中心、安置及教養機構提供教育保育之人員。

2. 早期療育教保人員、早期療育助理教保人員：指於早期療育機構提供發展遲緩兒童教育保育服務之人員。

3. 保育人員、助理保育人員：指於安置及教養機構提供二歲以上兒童生活照顧之人員。

4. 生活輔導人員、助理生活輔導人員：指於安置及教養機構提供少年生活照顧及輔導之人員。

5. 心理輔導人員：指於安置及教養機構、心理輔導或家庭諮詢機構及其他兒童及少年福利機構，提供兒童、少年及其家庭諮詢輔導服務之人員。

6. 社會工作人員：指於早期療育機構、安置及教養機構、心理輔導或家庭諮詢機構及其他兒童及少年福利機構，提供兒童及少年入出院、訪視調查、資源整合等社會工作服務之人員。

7. 主管人員：指於機構綜理業務之人員。

「技術士技能檢定保母人員職類單一級申請檢定資格」（行政院勞工委員會，2011）相關規定如下：

一、年滿二十歲，包含大陸地區配偶取得長期居留證、依親居留證者及合法取得外僑居留證之外籍人士。

二、同時應符合下列條件之一：

(一) 取得下列證明之一者：

1. 中華民國九十三年以前接受各級社政主管機關或其認可之單位所辦理累計時數至少八十小時托育相關訓練合格，且取得結業證書者。

2. 中華民國九十三年以前依據「兒童福利專業人員訓練實施方案」取得之甲、乙、丙類訓練證書者。

3. 中華民國九十四年以後修畢「兒童及少年福利機構專業人員資格訓練課程」之保母人員、教保人員或保育人員專業訓練課程，並領有主管機關發給之證明書者。

4. 其他領有經教育主管機關核定或備查之幼托相關訓練或進修班結業證書者。相關訓練或進修，學分數不得少於二十學分或時數不得少於三百六十小時；保母類專業訓練或進修，學分數不得少於七學分或時數不得少於一百二十六小時。

(二) 高級中等以上學校幼兒保育、家政、護理相關學院、系、所、科、（學位）學程畢業；或大專校院幼兒保育、家政、護理相關學院、系、所、科、（學位）學程最高年級者；或取得其輔系畢業證書者。

前項第二款相關學院、系、所、科、（學位）學程如下：

(一) 教育學門：教育（學）、教育心理與諮商（學）、國民教育、初等教育、（教育心理與）輔導（學）、教育心理（學）、社會教育（學）、特殊教育與輔導、生死教育與輔導、家庭

教育與諮商、人類發展（與家庭）、家政教育、特殊（兒童）教育、家庭教育；幼兒教育（學）、兒童發展與（及）家庭教育（學）、幼兒與家庭教育、兒童教育暨事業經營（學）、幼稚（兒）教育師資；性別（學、教育）。

(二) 社會及行為科學學門：應用社會（學）、社會科學、（應用）心理（學）、諮商與教育（心理）、心理（與）輔導（學）、心理（輔導）與諮商（學）、臨床（與諮商）心理（學）、社會心理（學）、（臨床）行為科學、諮商（與）（應用）心理（學）、心理復健（學）、輔導（與）諮商（學）、諮商與輔導（學）；犯罪防治（學）、犯罪預防、犯罪學。

(三) 醫藥衛生學門：公共衛生、食品營養（科學）、食品營養與保健生技、食品暨保健營養、保健營養（生技）、營養保健科、營養與保健科技、營養（科學）、醫學營養、營養醫學、食品衛生、營養、護理（學）、臨床護理、社區護理、中西（醫）結合護理、護理助產、助產（特）、護理助產合訓、早期療育（與照護）、健康照護（科學）、醫務健康照護管理、醫護管理、護理教育、護理管理、護理技術、健康照護（管理）、臨床暨社區護理。

(四) 社會服務學門：復健與諮商（學）；（嬰）幼兒保育（技術）、兒童發展、兒童與家庭（學、服務）、家庭研究與兒童發展、（青少年）兒童福利、兒童福利、幼兒保育、兒童保育；（社會政策與）社會工作（學）、社會行政與社會工作、醫學社會學與社會工作（學）、社會福利（學）、社會福祉與服務管理、社會工作（學）、社會工作與福利行政、社會工作與兒童少年福利（學）。

(五) 民生學門：家政（學）、生活應用與保健、生活（應用）科
學、課後照顧學位學程、兒童產業服務學位學程、照顧服
務、幼老福利、農村家政、（農村、漁村）家事、綜合家政。

實例分析(一)

幼兒班級經營計畫

崇仁護校附設幼稚園班級經營計畫（班級：孔雀大班）

壹、經營理念

「受尊重的孩子更懂得尊重，受關懷的孩子更願意關懷」

在班上的每位孩子，都會被看重、被接納、被肯定，盼望能在和諧、快樂的環境中，培養孩子積極學習、相互尊重及負責任的良好態度。

貳、經營目標

「培養孩子會尊重、喜思考、懂感謝、有禮貌」

1. 建立自尊自愛的班級常規。
2. 培養孩子體諒與尊重他人的氣度。
3. 強調團隊合作及樂於分享的能力。
4. 建立正確的行為習慣與良好的學習態度。
5. 加強自我情緒處理能力，能與人愉快相處。

參、班級現況

男生九人，女生九人，共十八位寶貝。

肆、經營策略

一、生活篇

1. 早睡早起不遲到，精神飽滿心情好（請在 8：10 分前進入班級，讓

孩子有充分的時間及緩和的心情，以迎接一天的活動）。若您的孩子當天請假，請撥打學校電話。

2. 提醒孩子不要攜帶玩具及零食、飲料到學校，多喝白開水。

3. 愛的叮嚀是老師對孩子的生活紀錄，用於聯絡及記錄孩子當天的生活情形，可將您對孩子的行為或向老師交代的事情記錄下來，以利老師和您的溝通。

4. 每週三的體能課和戶外教學都會進行運動及戶外活動，請提醒孩子穿著運動服來園。

5. 每週五孩子會將書本帶回家，請協助孩子複習學過的內容。

6. 為建立班級書庫，擴充孩子的閱讀量，請孩子帶兩本優良課外書籍到學校，學期末將統一歸還。

7. 孩子的衛生習慣要從小養成，所以請為孩子準備個人的盥洗用具及手帕，以協助孩子學習刷牙和洗手的習慣。

8. 中午休息時間規定為午睡時間，以讓孩子有足夠的體力應付下午的課程，也讓疲累的身體及眼睛可以獲得休息。

9. 為養成孩子解決問題的能力，對於糾紛的處理，希望透過孩子彼此的溝通，達成有效的解決策略。若遇到雙方皆提不出解決策略時，老師會介入調解糾紛，引導孩子學習處理問題的方法。

二、班級榮譽

1. 做好自己應做的事，管好自己再去幫助應幫助之人，幫助別人就是幫助自己。

2. 多鼓勵，少責罰。

3. 實施好寶寶活動，凡是上課認真學習、有禮貌、守規矩等表現優良者可蓋好寶寶章；獎勵制度是集滿五個可參與抽抽樂一次。

三、學習活動

1. 積極鼓勵孩子將想法勇敢說出來，在課堂上利用小組討論、發言紀

錄、報告分享等方式鼓勵孩子發言，以訓練孩子的表達能力，老師也能從中了解孩子的學習程度及困難，適時給予協助。

2. 各項學習單請孩子獨立完成，一次做好一件事情，不求多，但求確實。

3. 重視孩子閱讀興趣的養成，透過書籍開啟孩子對生命、對環境的敏銳度。

4. 每週實施鄉土兒歌吟誦活動，透過扮演、聆聽，讓孩子學著去欣賞。

5. 每月的成長手冊蒐集了孩子的歡樂、淚水等成長的過程。

伍、親師溝通

1. 聯絡簿、學校與班上所發的通知，請您記得要簽名哦！

2. 讓孩子養成自己整理書包的習慣。

3. 請讓孩子有更多展現自己的學習機會，孩子各項作業與報告可依情形從旁協助，切勿代勞。

4. 鼓勵孩子勇於嘗試，參與多方面的活動，給予摸索及嘗試錯誤的機會，這會是孩子學習中最寶貴的一部分，也能提昇孩子的挫折忍受力。

5. 給予機會訓練孩子做家事，幫助他在學校有良好的生活自理能力，建立信心。

6. 孩子的童年只有一次，請您多多陪伴孩子，一同享受親子時光，如到郊外走走、逛書店、看展覽，甚至在家一起做家事、一起聽音樂、一起看報討論等，都是很好的活動。除了可以增進親子間的感情，孩子也可以學習到更豐富的生活常識，以及如何安排自己的休閒活動，真是一舉數得！

分析

　　藉由班級經營計畫，教師就教學、保育、園務及親職教育等四個向度呈現對教育理念和方式，幫助教師條理出個人班級管理的信念，也幫助家長了解教學訴求，以達到最佳的學習效果和合作關係。

實例分析(二)

幼兒安全管理

案例

　　報載新北市某一私立幼稚園娃娃車，隨車老師與駕駛人因為一時疏忽，未能及時察覺李姓學生是否已下車，便將娃娃車門窗緊閉。經過兩小時之後，該名學生班導師發現李姓學生並未在教室內上課，幼兒園園長與所有老師旋即到處找尋，最後在娃娃車內找到該名學生時，已因熱衰竭死亡多時。

分析

　　依據「學生交通車管理辦法」（教育部，2013）第 13 條第三項之規定，隨車人員於每次學生上下車時，應確實依乘坐學生名冊逐一清點，並留存紀錄以備查考。案例中之幼兒園並未依照規定，於每次學生上下車時確實依乘坐學生名冊逐一清點，導致不幸事件之發生。

～透過團隊合作方式提昇幼兒教保品質～
～定期舉辦安全教育來建立安全觀念～

參考文獻

中文部分

方世榮（譯）（2004）。F. R. David 著。**策略管理**。台北市：台灣培生教育。

江志正（1997）。策略管理在學校經營上的應用。**台中師院學報，11**，167-192。

行政院勞工委員會（2011）。**技術士技能檢定保母人員職類單一級申請檢定資格**。台北市：作者。

吳定（2004）。**公共政策辭典**（五版一刷）。台北市：五南。

吳青松（1991）。**本國產業策略聯盟結構與績效之評估**。發表於「1991 年產業科技發展管理研討會」。台北市：經濟部科技顧問室。

吳清山、林天祐（2002）。策略聯盟。**教育資料與研究，41**，67。

吳煥烘（2004）。**學校行政領導理論與實務**。台北市：五南。

李小芬（2001）。學校行銷。**社教雙月刊，101**，55-56。

林永順（1990）。**企業管理學**。台中市：滄海。

林俊成（1999）。**國民小學實施全面品質管理方法之研究**。國立嘉義師範學院國民教育研究所，未出版，嘉義市。

施祐吉（2004）。策略聯盟概念應用於小學教育經營之可行性。**台灣教育，627**，47-50。

洪興立（2005）。**戰無不勝的策略管理**。香港：博益。

教育部（2005）。**師資培育法**。台北市：作者。

教育部（2011a）。**大學法**。台北市：作者。

教育部（2011b）。**師資培育法施行細則**。台北市：作者。

教育部（2013）。**學生交通車管理辦法**。台北市：作者。

張火燦（2000）。**策略性人力資源管理（第二版）**。台北市：揚智。

張明輝（2002）。**學校經營與管理研究**。台北市：學富。

張清溪（1998）。**學校公辦民營的經濟分析**。台北市：台北市政府教育局。

陳木金（2003）。混沌現象敏銳度在國小教師班級經營效能評鑑之運用研究。**彰化師大教育學報，4**，23-46。

陳義明（2005）。**學校經營管理與領導**。台北市：心理。

彭淑芬（2002）。**非營利組織公益活動策略規劃之研究——以救國團假期青少年活動為例**。私立銘傳大學公共管理與社區發展研究所碩士在職專班，未出版，台北市。

彭曉瑩（2002）。教育行銷之理論與實務。**人文及社會學科教學通訊，13**（3），108-119。

黃秀媛（譯）（2005）。C. W. Kim & R. Mauborgne 著。**藍海策略——開創無人競爭的全新市場**。台北市：天下遠見。

黃義良（2002）。學校推動形象管理與關係行銷的具體做法。**國教新知，48**，4。

黃憲彥（1995）。加盟連鎖的主要型態與經營本質。**商業現代化，10**（5），13。

詹儒元（2008）。**策略規劃泛論**。2008 年 12 月 23 日，取自 http://www.sce.pccu.edu.tw/sce/studybase/01mag/85-1-01.asp

賈璟祺、陳彥文（譯）（2004）。C. Robertson 著。**嬰兒安**

全營養與健康——安全篇。台北市：華騰文化。

榮泰生（1992）。策略管理學。台北市：華泰。

蔡東利（2003）。策略聯盟理念在國民小學教育之運用。教師之友，**44**（2），64-72。

鄭勵君（1998）。學校形象之行銷管理策略淺析。**高市文教，63**，55-59。

衛生福利部（2012）。**兒童及少年福利機構專業人員資格及訓練辦法**。台北市：作者。

英文部分

Borys, B., & Jemison, D. B. (1989). Hybrid arrangements as strategic alliances: Theoretical issues in organizational combinations. *Academy of Management Review, 14*(2), 235.

Crumrine, B., & Runnrels, T. (1991). *Total quality management in vocational technical education.* (ERIC Document Reproduction Service No. ED 340 846)

David, F. R. (2005). *Strategic management: Concepts and cases* (10th ed.). New York: McGraw-Hill.

Dess, G. G., & Lumpkin, G. T. (2003). *Strategic management: Creating competitive advantages.* New York: McGraw-Hill.

Dessler, G. (1994). *Human resource management* (6th ed.). NJ: Prentice-Hall.

Kano, N. (1993). A perspective on quality activities in American firms. *California Management Review, 35*(3), 31-37.

Kotler, P., & Levy, S. J. (1969). Broadening the concept of marketing. *Journal of Marketing, 33*(1), 10-15.

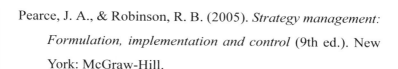

Pearce, J. A., & Robinson, R. B. (2005). *Strategy management: Formulation, implementation and control* (9th ed.). New York: McGraw-Hill.

Rigby, D. K., & Buchanan, W. T. (1994). Putting more strategy into strategic alliances. *Directors & Boards*, Winter.

Rigsby, J. A., & Greco, G. (2004). *Mastering strategy: Insight from the world's greatest leaders and thinkers.* New York: McGraw-Hill.

第四章 幼兒課程與教學

張淑玲、黃娟娟

在《幼兒教育及照顧法》通過,確定幼托整合全面實施之後,幼稚園和托兒所將統稱為幼兒園,並歸屬於教育部管理。以下將以幼托園所目前發展現況來說明課程和教學的關鍵概念。

壹、幼兒園教保活動課程暫行大綱

為達成《幼兒教育及照顧法》所定之「協助幼兒健全發展之目標」,教育部公布於 2012 年 8 月 1 日開始實施「幼兒園教保活動課程暫行大綱」。其宗旨在陶養幼兒具備「仁」的教育觀,承續孝悌仁愛文化,愛人愛己、關懷環境、面對挑戰、踐行文化的素養,並奠定終身學習的基礎,進而成為重溝通、講道理、能思考、懂合作、有信心、會包容的健康未來社會公民。

其大綱架構內容從人的陶養出發,確立課程大綱的宗旨和總目標,並將課程分為身體動作與健康、認知、語文、社會、情緒和美感六大領域。透過統整各領域課程的規劃與實踐,陶養幼兒擁有覺知辨識、表達溝通、關懷合作、推理賞析、想像創造、自主管理等能力(教育部,2012)。

貳、幼兒園教保活動教育目標

　　根據「幼兒園教保活動課程暫行大綱」的闡述，幼兒教育是各教育階段的基礎，幼兒園教保服務之實施，須與家庭及社區密切配合，以達成下列目標（教育部，2012）：

1. 維護幼兒身心健康。
2. 養成幼兒良好習慣。
3. 豐富幼兒生活經驗。
4. 增進幼兒倫理觀念。
5. 培養幼兒合群習性。
6. 拓展幼兒美感經驗。
7. 發展幼兒創意思維。
8. 建構幼兒文化認同。
9. 啟發幼兒關懷環境。

參、幼兒課程設計

　　課程是指學生在學校安排與教師指導下，為達成教育目的所從事的一切有系統的學習活動或經驗（王文科，2001）。由於幼兒期的可塑性及模仿性最大，所以幼兒教育課程除了在學校有計畫、有意圖的學習經驗外，更注重家庭環境及學習經驗中未經預期與設計的潛在課程（盧美貴，1999）。

　　「幼兒園教保活動課程暫行大綱」之內涵以個體與生活環境

互動為基礎，形塑幼兒心智能力為核心，兼顧幼兒全人發展及其
所處文化環境的價值體系兩層面，規劃幼兒學習的領域和能力。
從人的陶養出發，將課程分為：身體動作與健康、認知、語文、
社會、情緒和美感六大領域（教育部，2012）。

　　身體動作與健康領域，綜合「覺察與模仿」、「協調與控
制」、「組合與創造」三項領域能力及「身體動作」、「用具操
作」兩個學習面向。認知領域包含「蒐集訊息」、「整理訊息」
及「解決問題」三項領域能力及「生活環境中的數學」、「自然
現象」與「文化產物」三個學習面向。語文領域主要的學習內涵
與方向，包括理解肢體、理解口語、理解圖像符號、理解文字功
能、以肢體語言表達、以口語表達及以圖像符號表達。社會領域
包含「探索與覺察」、「協商與調整」、「愛護與尊重」三項領
域能力，以及「自己」、「人與人」、「人與環境」三個學習面
向。情緒領域包含「覺察與辨識」、「表達」、「理解」、「調
節」四項領域能力，以及「自己」、「他人與環境」兩個學習面
向。美感領域包含「探索與覺察」、「表現與創作」、「回應與
賞析」三項領域能力與「情意」、「藝術媒介」兩個學習面向（教
育部，2012）。

　　幼兒課程設計大致分三種模式（王文科，2001）：首先是由
泰勒（Tyler）提出的目標模式，重視課程目標的達成，設計程序
包括目標、選擇、組織、評鑑，例如單元教學法。其次是史坦豪
斯（Stenhouse）提出的歷程模式，認為課程是一個教學歷程，並
認為教育是經驗的重組，重視開放的學習環境，強調過程和探索
學習，例如主題教學法。最後是史基貝克（Skilbeck）提出的情境
模式，認為課程是教師、學生及環境之間的溝通，所以應依學生
個別差異提供不同的計畫內容，例如學習區。

肆、園所本位課程

　　這是一種學校的組織變革和教學與行政的課程合作模式，以學校為主體的課程發展，使學校發展出共同的願景，可以協助教師解決課程問題，並透過教師參與課程的決定，來增進教師的專業能力、促進課程革新（張清濱，2001）。

　　園所本位是以園所為課程改革的基本單位，園所的本位課程發展是促成園所課程改革的重要機制（陳伯璋，1999）。配合國內園所經營型態及國內學者（陳慈娟，2004；張嘉育，2002）對學校本位課程發展，提出園所本位發展任務有：

1. 課程規劃與願景的建構：園長召集教師共同討論、重視園所特色和資源運用來訂定園所願景，共同檢核課程發展是否符合願景目標，作為發展課程的依據。

2. 學校組織與文化改造：改變主管（經營者）的心態，釋放權力讓教師主導教學，成立課程研發小組來評估及規劃學習環境，營造學習型組織，提昇教師對教學的投入。

3. 擬訂課程與教學改革計畫：幼稚園本位課程發展必須擬定「近、中、長」與「年度」發展計畫。園長帶領教師們釐清園所教育目標與願景指標，共同討論、決定課程發展的主軸與教學目標、教學方法、評量方式，繼而建構幼稚園「整體課程架構圖」；另外，也需改變教學配合行政的觀念，轉而以行政支援教學的態度。

4. 課程管理與發展的並進：以園所願景與五歲幼兒基本能力與學力指標作為課程評鑑的標準，並根據實施情形與幼兒評量

結果來修正課程,落實本位課程發展。

5. 運用社會資源是結合家長、社區互動的最佳方式:園所落實本位課程發展,家長與社區扮演支持者、協助者的角色。因此,幼稚園園長為了獲得家長與社區支持協助本位課程發展,應利用多種方式和家長進行溝通與宣導。

伍、螺旋式課程

這是布魯納(Bruner)提出對課程設計的構想。螺旋式課程是指根據某一學科知識的概念結構,並配合學生的認知結構,以促進學生的認知能力發展為目的的一種課程設計,期使學生的新舊經驗銜接,從而產生正向學習遷移(張愛卿、王思訊,2001)。螺旋式課程的原則是依繼續性(提供適當且持續的學習經驗,來培養學生的學習態度)、順序性(以先備學習經驗為基礎,加深加廣課程內容)、統整性(強調知識學習的完整及理解)、銜接性(課程的易難規劃應配合學生理解能力並鼓勵探索)進行。

螺旋式課程除了對應學科本身的知識結構與概念結構外,亦需配合學生認知能力,並且提供具體的教學媒體或材料,來引發學生的學習動機,幫助學生進行有意義的學習;此外,螺旋式課程設計也提供明確的學科知識結構與概念結構,來作為教師進行教學的指引方針。此課程強調內容要隨年級上升而做多次循環,藉以增加其結構性,而利於學生學習(張春興,2004)。

陸、課程地圖

　　課程地圖是以一連串學校實際的行事曆為基礎的教學藍圖，是一個為蒐集和證明課程操作定位的程序，可用來審視課程需要修正的部分、呈現課程發展與脈絡間的系統性（盧美貴等譯著，2006）。課程地圖也是一種技術，可用來記錄時間、蒐集工作資料，再藉由資料的分析決定合宜的課程內容與評量方式。可提供長遠及廣度的教學計畫，也提供了短時間的教學準備和暢通溝通管道的可能性（盧美貴等譯著，2006）。運用課程地圖同時可讓全體教師共同討論學校課程運作上的種種問題，識別出課程與教學方案之間的差距、多餘及偏離之處，其終極目標是學生的表現上要有可評量出的進步，還要產生一個使得課程與評量可以延續的過程。

　　行事曆課程地圖的設計，是全體教師發展與進行課程重建的機會，是頗具品質的溝通過程，能時常依需要來做課程的修訂或重新調整與安排。在運用課程地圖的方法中，必須將內容、技能及評量三者間的連結關係清晰地描繪出來（盧美貴等譯著，2008）。課程地圖提供一系列雖簡單卻最有用的工具來促進教師教學及學生的學習。若以「工具腰帶」的腰帶、腰帶扣、鐵鎚、皮尺、鉗子、起子、電鑽等代表「課程地圖」的重要部位，應可更一目了然（盧美貴等譯著，2008）。教師運用課程地圖的程序依序為「蒐集資料、從頭到尾仔細閱讀、多元小團體的回顧與討論、大團體的回顧與檢視會議、判定有哪些資料可以立即修正、判定哪些事件需要長期的研究與發展、永續性的循環檢視」等七

個步驟（盧美貴等譯著，2006）。

　　所謂關鍵問題是概念性的實踐、課程的核心，是幼兒在短時間內必須找到的解釋或關鍵性的概念。可幫助老師刪除不重要的、瑣碎的課程，抉擇概念的優先順序，具有質疑性、探索性、創意性及組織性，可讓學習者因困惑而產生尋求解答的意圖，引發一系列的活動、深入一個概念的學習（黃娟娟，2007）。因此可說關鍵問題是澄清課程關鍵點的特別工具，是課程中學習者應該理解與建構的概念（黃娟娟、盧美貴，2007）。藉著關鍵問題，課程設計者可以提昇教學品質。運用關鍵問題可使課程地圖更美善，教師規劃課程時，也必須做出關鍵性的選擇。

柒、五歲幼兒學力指標

　　五歲幼兒學力指標是由盧美貴教授（2003）以建構幼兒基本能力，發展出的幼兒學力指標，以作為幼兒課程規劃的參考，其領域劃分包含社會、藝術、科學、數學、健康及語文等六大領域。分述如下：

　　「社會領域學力指標」包括自我（自我認識、自尊與自信、自我責任感）、群己關係（認識他人、基本禮貌、愛與歸屬感、關懷與尊重）、社會環境（認識環境與愛護環境）、社會規範（遊戲規則、團體中規範）。

　　「藝術領域學力指標」包括藝術與生活環境（視覺藝術與生活環境、音樂與生活環境、表演藝術與生活環境）、藝術創作（好奇探索、創造表現）、藝術欣賞（欣賞態度、藝術體驗、藝術分享）。

「科學領域學力指標」包括科學態度（表現好奇心、喜歡探索、勇於參與、樂於接近自然）、科學技能（觀察力、比較和分類技巧、操作簡易科學活動）、科學現象（物體的特性、常見的動植物、地球環境的特性）。

「數學領域學力指標」包括數與量（數與量概念、數字的分解與結合、測量方式的運用、時間的概念、金錢的概念）、圖形與空間（圖形及圖形的組合、空間方位）、邏輯推理（分類與配對、序列與規則、事物關係）。

「健康領域學力指標」包括健康的身心（認識自己身體、辨別情緒、健康習慣）、自我保護（辨識危險物、學習保護安全、學習交通安全）、健康的體能（了解運動、學習基本運動、注意運動安全）。

「語文領域學力指標」包括聽（分辨口語的意義、聽故事、聆聽的態度）、說（以語言說明現象、敘述經驗與情節、複述句子、說話的態度）、讀（辨識符號、喜歡閱讀、辨別字詞與句子）、寫（模擬寫、運筆、寫符號）。

捌、幼兒教學目標分類

布魯姆（Bloom）提出教學目標應包括認知、情意、技能（Anderson, Krathwohl, & Bloom, 2001；李坤崇，2004）。

(一) 認知領域的教學目標，強調知識的、學習的及問題解決的工作

對於認知程度由簡而繁分為六個層次：

1. 知識：學生從教學活動中所獲得的且在活動後仍可保留的知識。

2. 理解：學生對教師表達的知識概念與意義的了解情形。

3. 應用：能將學得的抽象知識應用於具體的問題情境之中。

4. 分析：能解釋知識，使人更能理解其意涵，並進一步說明該訊息的組織原則及傳達效果。

5. 綜合：能將學習到的知識整合起來，構成自己完整的知識體系。

6. 評價：能在學習後對所學到的知識或方法，依據個人的觀點給予價值判斷。

(二) 情意領域的教學目標，是預期教學後在學生情意行為方面可以產生的改變

依據魁夫渥爾（Krathwohl）的分類，情意目標分為：

1. 接受：學習時或學習後對學習活動自願接受並給予注意的態度。

2. 反應：學習活動中的主動參與情形。

3. 評價：對學習活動的價值判斷。

4. 品格組織：由價值判斷形成個人的價值結構。

5. 品格形成：經由接受、反應、評價、組織等價值內化歷程，使獲得的知識或觀念形成個人品格的一部分。

(三) 技能領域的教學目標，是預期教學後在學生動作技能的行為表現方面所產生的改變

依辛普森（Simpson）分為七個層次：

1. 知覺：指個人能運用感官獲得的訊息。

2. 心向：指在某種動作技能學習之前，已完成心理上的準備。

3. 引導反應：在示範者引導下跟隨做出反應。

4. 機械反應：指當學習者的感官動作已達到習慣化的地步。

5. 複雜反應：對包括多種不同反應的動作技能，已經呈現出一

種熟練的地步。

6. 技能調適：指技能學習臻於熟練地步之後，能夠配合情境的需要，隨時呈現出可以解決問題的技能組合。

7. 創作表現：指個人的技能臻於精練純熟的地步之後，可以更進一步展現超越個人經驗的創新設計。

玖、學習區

以「幼兒為中心」的學習理念是學習區的核心思想，並且認為幼兒有主動學習的能力。這是源自英國、盛行於美國，由師大美籍教授布克太太引入台灣，並由郭多推廣。學習區的課程設計是以情境模式為主軸，對教室內外的環境規劃十分重視，主張適當的情境布置可啟發幼兒對環境的敏感度及探索興趣，以引發幼兒主動學習。基本的學習區規劃有語文區、建構區、探索區、扮演區、益智區、沙水區等。

這種以幼兒為主體，強調學習應配合幼兒的個別差異，並重視學習過程及過程中評量，屬於活動課程的一種。也由於強調時間、空間、教具及對象的開放，所以教學流程大致有團體討論、學習區探索及分組活動等型態，並能配合其他教學模式一同實施，如主題教學、單元教學等。

拾、主題教學

這是源自於克伯屈（W. H. Kilpatrick）倡導的設計教學理念，

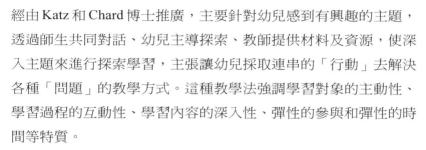

經由 Katz 和 Chard 博士推廣，主要針對幼兒感到有興趣的主題，透過師生共同對話、幼兒主導探索、教師提供材料及資源，使深入主題來進行探索學習，主張讓幼兒採取連串的「行動」去解決各種「問題」的教學方式。這種教學法強調學習對象的主動性、學習過程的互動性、學習內容的深入性、彈性的參與和彈性的時間等特質。

特別的是，主題教學是由學生主動計畫課程發展及教學過程，並按計畫進行的一種教與學互動的學習方式，強調幼兒內在動機和自主學習的動力，而師生都是教室情境中的主人，彼此互相學習、引導。

 # 拾壹、蒙特梭利教學法

這是瑪利亞・蒙特梭利（M. Montessori）所創的教育理念及課程。她認為幼兒有強烈的探索環境的本能，透過吸收性心智及幼兒自主發展所獲得的知識才能幫助幼兒獨立。這是以兒童中心及尊重兒童為基礎的課程，主張孩子進入一個準備好的環境，可依自己興趣及能力漸進順序，由簡單進展到複雜，並透過有經驗教師的引導、支持和幫助，從經驗中學習。

蒙特梭利依據兒童身心特質發展出一套有系統的教學法，並主張預備環境、教師、教具乃是教學中的三個要素：(1)預備環境（頭）：是經過組織及協調的一套材料與設備，用來促進幼兒有用的學習，這種環境是符合幼兒需要的真實環境；(2)教師（胸）：教師角色是觀察者、示範者、兒童的解釋者、環境預備者、溝通者、個別課程的指導員；(3)教具（腹）：兒童的本質就

是工作，工作也是遊戲，所以兒童在工作中才能達成教育任務（岩田陽子、南昌子、石井昭子，1996）。

教育內容包括：(1)日常生活訓練，分為動作控制、自我照顧、照顧環境等，主要是幫助幼兒培養自我管理能力、責任感和耐心；(2)感官教育主要是培養幼兒辨識同一性、對比、相似的能力，主張有秩序的思考有助於創造力發展；(3)算數教育，藉由教具提供具體的數量概念，幫助幼兒學習運算也包括讀寫能力練習；(4)語言教育則是透過三段式教學法——命名、辨認、發音來獲得語言的精確了解力。

拾貳、幼兒故事教學

這是結合視、聽覺表現的故事教學，讓幼兒在有限的時空下，去拓展生活領域、豐富學習經驗、刺激創造力與想像力，並提供幼兒情緒認同對象與抒解的管道，有助於培養兒童的利社會行為及增進語文發展，也透過閱讀習慣與樂趣的養成，促進認知發展及美感的經驗（張淑玲，2004）。

進行幼兒故事教學的原則首先是故事的選擇及準備，從書籍內容及美感的選擇、故事對於教學的連結，到配合幼兒的經驗與能力都應納入考量；接著，故事進行時，應善用道具、聲音和肢體語言增加故事的趣味性，並且製造與幼兒互動的機會，保持眼神的接觸。最後，從頭再看一遍、複習重點，並且進行討論與分享，可以幫助幼兒整理故事教學的學習經驗，也能增進幼兒對閱讀興趣的培養。

拾參、幼兒音樂教學

　　這是配合幼兒身心發展，透過各種媒介、技巧，來引發幼兒對音樂學習興趣及肢體展現，並延伸幼兒音樂學習經驗的幼兒音樂教學，例如朱宗慶是以打擊樂作為媒介；山葉是以鍵盤為媒介；高大宜、達克羅茲、奧福則結合旋律及動作為媒介（陳藍谷，1997）。

(一) 朱宗慶教學系統

　　透過打擊樂技巧、節奏、聽音、音樂常識、音樂欣賞、樂理、合奏等活動，使幼兒感受到打擊樂的多樣性和趣味性，來啟發幼兒的創造力、節奏感，並促進人際關係、增進自我成就感。

(二) 山葉教學系統

　　透過聽音、歌唱、演奏、樂譜讀寫、創作、鍵盤和聲、合奏等活動，培養幼兒演奏的能力。

(三) 高大宜教學系統

　　高大宜（Zoltan Kodály）所創辦，期望達到生活音樂化，人人都有音樂知識為目標，以歌唱為主的教學，運用手勢來表現音階高低，並結合音樂基本知識和特殊節奏符號，培養幼兒音樂知識及辨音能力。

(四) 達克羅茲教學系統

　　達克羅茲（Emile Jaques-Dalcroze）所創辦，透過肢體動作，融合音樂與節奏，並實施肢體節奏、音感訓練與即興演奏，來發展幼兒對音樂的美感經驗。

(五) 奧福教學系統

奧福（Carl Orff）所創辦，透過節奏為主軸，將語言融入節奏、肢體動作、舞蹈與即興創作，培養幼兒音樂創作與概念。

拾肆、幼兒鄉土教學

隨著後現代思潮的興起和國內教育主體意識的覺醒，使得鄉土教育成為目前教育改革的焦點。鄉土教育包含三個層面：鄉土結構、鄉土經驗與鄉土意識，這是讓孩子認識自己生長或長期居住的地方，建立情感的認同與聯繫。

幼兒鄉土教學強調以幼兒身心發展為教育的基礎，主張以幼兒日常生活中心為學習的起點，將幼兒生活中的鄉土事物作為教學內涵，透過園所教師、社區成人的引導與人際互動的學習過程，建立幼兒對生活環境的系統知識，以期達到適性發展與情感認同之教育方式（陳議濃，2003）。幼兒鄉土教學內容包括鄉土語言、鄉土歷史、鄉土地理、鄉土自然、鄉土藝術（林惠娟、孫扶志，2006）。

拾伍、幼兒生命教育

生命教育就是人對自己、他人、社會及環境的看法，這會影響個人對其在成長、學習、生活等過程上所扮演角色的態度。生命教育的內容包含人與自己、與他人、與自然環境、與社會、與宇宙的關係等五大向度（吳武雄，1999）。

　　依據皮亞傑（Piaget）萬物有靈（泛靈）思想，將幼兒對生命的看法分為：四至六歲幼兒認為任何東西都有生命；六至七歲幼兒認為能動的東西是有生命；八至十歲兒童認為能自己動的東西是有生命的；十一歲以後僅限於植物和動物。

　　因此，幼兒生命教育應配合此階段發展特質來規劃，實施幼兒生命教育的方法有四：(1)講解或說明：透過影片、故事、隨機教學、隱喻和模仿楷模等方式來呈現；(2)討論：採用團體討論、小組討論、價值、辯論來澄清幼兒對生命的觀點；(3)體驗：透過內省、遊戲、角色扮演、創作、冥想、檢核表、模擬體驗等活動，來感受生命的價值；(4)實踐：藉由參訪了解真實生命的面貌。

拾陸、幼兒創造力教學

　　創造力教學就是藉由適性的教學歷程，使學生發展擴散式思維，來提高解決問題能力的歷程（張春興，1995）。

　　陶倫斯（Torrance）認為，創造力具有流暢性、變通性、獨創性與精緻性等特徵，並提出二十項創造思考原則，如教師本身須重視創造性思考、鼓勵學生操作實物與運用觀念等。強調教師必須重視創造性思考與學習、要有廣泛的知識、耐心與容忍力，並且知道如何辨識及協助有創造力的兒童進行專注思考。

　　張秀玉（1986）提出幼稚園之創造性課程設計原則：重視歷程、個別差異和啟發幼兒思考的學校目標，並且提供真實的事物和鼓勵學生自由創作，規劃與實際生活相關且能引起幼兒經驗和興趣的教材及活動，從學生的發表、學習歷程和自我評量中進行評量，尤其在教學上，宜採用發表、問題及啟發式教學法、遊戲

方式進行教學，提供幼兒心理安全、心理自由的環境，鼓勵幼兒主動學習，讓幼兒成為活動的主體，給幼兒足夠的時間、空間去探索、操作。

拾柒、幼兒教保教具

一、蒙特梭利教具

教具種類分為五大類：日常生活、感官、數學、語言與文化。日常生活教具取材於生活事物，著重大小肌肉及手眼協調的動作發展、生活習慣的養成及生活態度的培養。感官教具則包含：視覺教具有長棒、粉紅塔、棕色梯；聽覺教具有音感鐘、雜音筒；觸覺教具有溫覺板（瓶）、重量板、布盒、觸覺板；味覺教具有味覺瓶；嗅覺教具有嗅覺瓶。數學教具以具體到抽象的數量概念設計，有數棒、砂數字板、塞根板、紡錘棒箱、銀行遊戲、郵票遊戲、彩色串珠、金色串珠及平方珠鏈、立體珠板（體）等。語言教具和文化教育教具則是配合不同文化發展出來的教具，如砂字母板、拼音盒、三段式圖卡等。這些教具的特色是功能單一性、具體到抽象、簡單到複雜、自動教育性（自我糾正）及間接預備性（為下一階段做準備）。

二、福祿貝爾恩物

福祿貝爾（F. Froebel）認為幼兒的本能就是遊戲，而且透過

明確的材料、適當的指導和進行有層次的活動，來培養幼兒創造的本能。因此，設計出具有發展性的玩具，並命名為「恩物」，這有神所給予的「恩寵的賜物」意涵。

恩物有二十種，前十種稱分解恩物又稱遊戲恩物，著重引導遊戲的學習，後十種稱手工恩物又稱綜合性恩物，主要在啟發幼兒創作。主要目的在恩物的遊戲中，培養幼兒的敏銳觀察，進而養成規律性，使獲得統一整體觀念。

各種恩物都有不同意義：(1)六色球，培養圓滿人格；(2)三體，認識三體名稱、形體和性質，培養自發自覺、理解和分類力；(3)正方體，培養思考及數觀念；(4)正方體，滿足需求及發展內在；(5)方體，空間利用教具，培養想像力；(6)正方體，認識正確的數概念及滿足建築遊戲的慾望；(7)面，了解立體與平面的關係，由具體進入抽象；(8)線，培養數的正確觀念、長短距離和輪廓；(9)曲線（環），培養藝術創造力、數觀念；(10)點，了解點的特質，訓練手眼協調，了解點線面關係，是概念、分解與思考教具，由體面線點的具體到抽象觀念建立；(11)打洞；(12)縫工；(13)繪畫；(14)編織工；(15)摺紙工；(16)剪貼；(17)豆細工；(18)厚紙工；(19)玩砂；(20)黏土。目的在建立幼兒適應社會生活的能力基礎，由點線面體增進創造能力及成就（盧美貴，1999）。

三、互動式電子白板

這是一種整合黑板和科技資訊的教學媒體，除了有螢幕展現教學內容外，並提供豐富的教學資源庫：包含圖片、教學工具、背景、動畫和影音檔案等多種素材，可以直接在螢幕面板上操作或使用遙控器，並有不同的書寫、繪圖等工具，且有錄影和儲存

的功能，可協助教師進行教材搜尋和建立個人資源庫。

拾捌、幼兒學習評量

　　評量是用來判斷教學活動能否達成教學目標的教學程序，目的在分析課程設計與教學得失、了解幼兒學習狀況，以作為個別輔導的依據及下次課程設計及教學的改進參考（歐滄和，2002）。

　　從實施的時間來看，分為前評量（預備性評量），即是在教學前的評量，以了解幼兒的舊經驗及學習預備度；活動中評量（形成性評量），即是教學活動中的評量，以了解教學效果及幼兒學習情形；後評量（總結性評量），即是教學後評量，以了解整體教學成效及幼兒的學習成果；追蹤評量，是指教學後，過一段時間再做的評量，以了解現在的學習成果和過去教學間的關聯（薛瑞君，2005）。

　　形成性評量則是在教學過程中就持續進行，其目的是要促進學習，使達成最大學習成效，而不只是在事後評定其成功與否。形成性評量的種類多元，主要是強調活動過程中的學習紀錄。

1. 實作評量主要是評定學生在工作中的實際表現，重點在強調學生所表現的行為應與重要的教學目標相符，也就是在自然或已建構好的情境中，由老師觀察與評量學生的反應與結果。

2. 表現評量是指兒童以實際從事一項工作或解決一項問題來展示他們的學習。老師們透過檢核表、敘述、照片、簡圖和其他方式來建立有關兒童學習的資料文件，以及追蹤兒童學習上的進展。老師也透過教導兒童記錄來檢核自己的學習。

3. 檔案評量則是在一段時間內有目的、有系統地將兒童發展與

學習的證據加以編纂，來展示兒童自身的經驗、努力、進步及成就，表現其獨特能力及分享他的成就，也提供評鑑的基礎及未來學習和發展的指引。內容有陳列性檔案（作品）、評鑑性檔案（敘述性資料及計分）、文件性檔案（以兒童的話來描述的作品與進步證據）和歷程性檔案（由兒童來記錄並對檔案下評語）（薛瑞君，2005）。

4. 多元評量是指應用各種不同評量方式之最有效組合，藉以了解學生的學習情形與成就。這些多元性的評量可以讓評鑑者透過不同的評量內容、方式與時機，取得完整之學習者學習狀況的資訊，並據此對學習進行價值的判斷。另外，以多元智能為主軸的評量亦是多元評量的一種，這是美國心理學家迦納教授（Gardner, 1993）提出的多元智能理論，其認為人類至少擁有八種認識世界的方式：語言、數理邏輯、視覺空間、身體動作、音樂、人際、內省及自然觀察等。強調要重視智慧具有多元表現的特質外，更強調評量的多元性，從智慧本質上的多元內涵、真實評量、實作評量等多元的評量方法，到評量方法的多元化，再到教學與評量結合，兼顧行為結果與行為歷程之多元評量價值與評量目標的取向。

拾玖、閱讀教學

　　閱讀是學習的重要工具和過程，增進對周遭事物的了解。「閱讀教學」是指閱讀教學者依據接受對象的心理發展程度、閱讀認知能力、閱讀興趣與需求，給予閱讀方面的適切協助、引導與啟發，使學習更加充實、教育理想更具體實現的一種教學行為

（王文科，1991）。閱讀教學的目的即是要學生學會在閱讀時運用這些策略以達成閱讀理解。

Chall（1983）提出閱讀發展階段，將閱讀發展分為：前閱讀期（prereading）、識字期（decoding）、流暢期（confirmation, fluency）、閱讀新知期（reading for the new）、多元觀點期（multiple viewpoints）、建構和重建期（construction and reconstruction-a world view）。幼兒正處於前閱讀期，需以具體事物來幫助思考與學習，故閱讀教學重點在於教導學生「學習閱讀」（learning to read），亦即喜歡閱讀並培養閱讀習慣。因此實施原則為把握兒童學習閱讀的關鍵時期、培養學童靈活運用各種閱讀策略、營造尊重多元差異的班級文化、善用可增進閱讀理解的討論技巧。

貳拾、親子共讀

「共讀」是指互為主體的相互平等對待之下，父母與孩子一起分享閱讀的樂趣與生命的點點滴滴（張靜文，2002）。

親子共讀強調父母和子女共同閱讀、共同分享，因此說故事的人不一定是父母，孩子同樣可以由聽故事轉換成主動說故事的角色，有時爸爸講、有時媽媽講、有時孩子講、有時孩子自己看，甚至全家一起進行故事活動，讓家中的每一份子都有傾聽、敘述、溝通、討論的機會，讓親子共讀成為遊戲般的快樂（吳幸玲、吳心蘭、陳玟如，1994；張淑如，1993）。

親子共讀之「親子」可以指家庭中的成員如爸爸、媽媽、兒女等；「共」是指互為主體性的一種雙向互動，並非是一種偏頗式的以成人為導向的單向式閱讀；「讀」則包括閱讀、朗讀、說

故事、討論及分享故事。培養閱讀的興趣與習慣、促進親子間的情感與思想的交流、建立幼兒良好的人生觀、促進幼兒語言發展、加強幼兒美感及對事物的想像力、充實生活經驗，培養思考及問題解決能力。

　　共讀前的準備包括圖畫書的準備、家長、幼兒及環境（包括時間、空間與氣氛）等。每天固定時間閱讀，共讀時感情要先於認知，自然地進行分享與討論，適時地延伸與應用，彈性而有變化的運用共讀策略。

貳拾壹、親職教育

　　親職教育就是父母親的職責教育，也就是協助父母更有效的了解和執行自己職責的教育。這是為了維繫家庭良好的親子關係，幫助子女身心健全發展；也是促進未婚男女成為父母前的準備教育；並提供父母親子教育的方法和知識（王連生，1995）。

　　親職教育的範圍是指導父母育兒知識，包含幼兒營養、幼兒保健、幼兒教育等，並且指導父母協助家庭關係，使其能善盡社會責任。

　　親職教育實施方式，首先是透過家庭訪問、家長會及平日的電話訪問及聯絡單方式與父母溝通；另一方式則是參與活動，如親子活動、園遊會等。親職教育的推廣方式有演講、座談、訪問、報導、課程、親職手冊和教學觀摩等。

實例分析

嘉大附幼 97 學年度上學期
大一班　修正後課程地圖（節錄）

主題：彩虹城市　　　設計、修正者：王君瑜、陳尹甄

幼兒基本能力	月份重點領域	9月	10月	11月	12-1月
＊表現與創新 ＊溝通表達 ＊認識自己	語文／閱讀	圖書借閱 生活經驗分享----線的	圖書借閱 來源----用途	閱讀心得分享 材質‧特性	紀錄分享 應用（討論發表）
	修正後	分享生活經驗---圖書借閱 討論、發表（線由來）-- 兒歌唸謠	閱讀分享、仿寫---- 種類、用途 常見名詞（台語）----	閱讀心得分享---- 材質‧特性 生活用語應用	紀錄分享---- 應用（討論發表）
	藝術／創作	線的材料---- 線與繪畫	平面線條---- 線與樂器	立體創作---- 線與編織	裝置藝術---- 立體書創作
	修正後	線的材料探索----平面 線條	線條----立體創作---- 編織、裝飾	裝置藝術 材料組合應用----縫工	美感刺激----作品呈現
	遊戲／體能	走線----平衡 肢體律動	跨越、跳----握 律動表演	拉----擺盪----設計關 肢體線條創作	卡----闖關活動 戲劇表演
	修正後	走線----平衡---- 肢體律動----律動	跨越、跳----握、拉 表演	擺盪（平衡木 肢體線條創作----戲劇	、吊床） 表演

教師省思（王君瑜老師）

一、「線」的主題看似平易近人，但範圍之廣泛，對老師來說是一種考驗。

二、各領域的省思

1. 語文／閱讀：除了閩南語教學，語文活動較少涉獵兒歌唸謠；長期性圖書借閱，已漸有成果；孩子對於仿寫或文字的興趣已開啟，故事統整能力提昇。

2. 藝術／創作：幼兒共構藝術作品的能力比預期中好，多元的線材讓幼兒在藝術創作上有不同的展現；線的樂器在主題活動尚未提及。

3. 遊戲／體能：兼顧基本的大肌肉發展，遊戲也能配合主題發展進行；忽略在主題中提供多一點機會讓孩子可以玩耍或操作的線。

4. 數學／邏輯：融入平時主題活動中，如點數、配對、分類。

5. 自然／科學：課程設計較少動手實驗的機會；國慶日觀看煙火所形成的視覺暫留讓幼兒對光線產生好奇；槓桿原理因彩虹城市中纜車和電梯的發明而提早出現。

6. 健康／安全：環境安全與動線規劃息息相關，讓孩子自己規劃安全路線，並製作標線解決教室內圖書館擁擠問題。

7. 生活／品格：將節慶有系統地融入學習生活中；如何使關懷接納、負責尊重這部分持續落實在生活教育，值得思考。

分析

　　從課程地圖中，可看出整個教學時間和課程過程相結合的脈絡，也了解學習內容具有順序性、繼續性和銜接性的特質。此外，透過設計－執行－反省修正的完整歷程，幫助教師釐清教學盲點及方向，也透過班級課程地圖的討論，增進教師團隊的合作，並作為協助家長了解學生學習進展的依據。

～日常生活訓練在培養自我管理能力和責任感～

～運用道具來增加故事教學的趣味性～

參考文獻

中文部分

王文科（1991）。認知發展理論與教育──皮亞傑理論發
　　展與應用。台北市：五南。

王文科（2001）。**課程與教學論**。台北市：五南。

王連生（1995）。**親職教育**。台北市：五南。

吳幸玲、吳心蘭、陳玟如（1994）。**親子共擁書香**。台北
　　市：牛頓。

吳武雄（1999）。推展生命教育回歸教育本質。**高中教
　　育，7**，10-15。

李坤崇（2004）。修正 Bloom 認知分類及命題實例。**教育
　　研究，122**，98-127。

岩田陽子、南昌子、石井昭子（1996）。**蒙特梭利教育──
　　理論與實踐（1）**。台北市：新民。

林惠娟、孫扶志（2006）。**媽祖廟──種子幼稚園鄉土文
　　化課程**。台北市：心理。

教育部（2012）。**幼兒園教保活動課程暫行大綱**。台北
　　市：作者。

張秀玉（1986）。**幼稚園創造性課程之研究**。國立政治大
　　學教育研究所碩士論文，未出版，台北市。

張春興（1995）。**教育心理學**。台北市：東華。

張春興（2004）。**心理學**。台北市：東華。

張清濱（2001）。**學校教育改革與課程教學**。台北市：五
　　南。

張淑如（1993）。打開孩子的心窗──由兒童圖書談親子
　　共讀。**國教之友，530**，36-39。

張淑玲（2004）。不同讀者對國內兒童創作家圖畫書之反

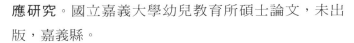

應研究。國立嘉義大學幼兒教育所碩士論文，未出版，嘉義縣。

張愛卿、王思訊（2001）。**放射智慧之光——布魯納的認知與教育心理學**。台北市：貓頭鷹。

張嘉育（2002）。**學校本位課程改革**。台北市：冠學文化。

張靜文（2002）。**幼稚園教室中討論之分析研究**。國立台灣師範大學家政教育研究所碩士論文，未出版，台北市。

陳伯璋（1999）。**從近年來課程改革談教師角色的定位**。發表於國立中正大學八十七學年度地方教育輔導「國民教育革新與展望」研討會。嘉義縣：國立中正大學。

陳慈娟（2004）。**幼稚園園長課程領導——以一所幼稚園本位課程發展為例**。台北市立師範學院國民教育所碩士論文，未出版，台北市。

陳藍谷（1997）。**和孩子共圓音樂夢**。台北市：藝神文化。

陳議濃（2003）。**幼兒SPP鄉土課程實施之個案研究**。國立嘉義大學幼兒教育研究所碩士論文，未出版，嘉義縣。

黃娟娟（2007）。**課程地圖在幼兒園教學之應用**。發表於「共構幼教新境界——探尋幼兒園實踐智慧」海峽兩岸幼兒教育學術研討會。台南縣：致遠管理學院。

黃娟娟、盧美貴（2007）。**溫馨古早味——嘉大附幼鄉土教學的課程地圖探索行動之旅**。載於「幼兒鄉土教育

研討暨成果發表會」論文集（頁 33-47）。嘉義縣：
吳鳳技術學院。

歐滄和（2002）。**教育測驗與評量**。台北市：心理。

盧美貴（1999）。**幼兒教育概論**。台北市：五南。

盧美貴（2003）。**我國五歲幼兒基本能力與學力指標建構
研究**（教育部研究專案報告，PG9105-0088）。台北
市：台北市立師範學院。

盧美貴、謝美慧、許明珠、昌志鵰、郭家華、陳盈詩、陳
青怡、姜孟婕、詹喬雯（譯著）（2006）。H. H. Jaco-
bs 著。**課程地圖——統整課程與幼稚園到十二年級的
評量**。台北市：心理。

盧美貴、薛曉華、王麗惠、蔡佳燕、張佩韻、黃娟娟（譯
著）（2008）。H. H. Jacobs 主編。**課程地圖——展現
實踐成果與省思**。台北市：心理

薛瑞君（2005）。**教育專業檔案——理念與實務**。高雄
市：復文。

英文部分

Anderson, L. W., Krathwohl, D. R., & Bloom, B. S. (2001). *A
taxonomy for learning, teaching, and assessing: A revision
of Bloom's taxonomy of educational objectives*. New York,
London: Longman.

Chall, J. S. (1983). *Stages of reading development*. New York:
McGraw-Hill.

Gardner, H. (1993). *Multiple intelligences: The theory in prac-
tice*. New York: BasicBooks.

第五章　嬰幼兒發展

張淑玲、林家蕙

　　嬰幼兒時期的發展是人一生中變化最快的階段，也由於這階段的身心發展變化大，照顧方式更需要配合這時期的能力及心智狀況，提供適性的協助及照顧。因此，本章將就嬰幼兒身心發展的關鍵概念進行討論。

壹、發展的類型

　　人的發展大致分為身體的、認知的、人格／社會的發展。身體的發展包含身高、體重、動作能力、腦部發展及生理成長發展；認知的發展是指和個人情緒、動作有密切關係的學習、記憶、分析、思考、語言等心理能力，會隨時間而變化；人格／社會發展是指個人處理外界事物、與人相處的獨特方式及情緒，此類發展亦會影響前二者的發展（黃慧真譯，1994）。

　　零～十二歲兒童的發展大致分為：嬰幼兒期（0～3歲）的感官能力在出生時便開始運作，會出現學習和記憶能力，此一階段的理解力和語言迅速發展。兒童早期（3～6歲）力量和大小動作技巧增進，自我控制和自我照顧能力也增強了，雖然仍以自我為

中心，但開始有不同觀點並學習了解他人的觀點。兒童中期
（6～12 歲）以具體思考為主，開始進行邏輯思考，不過個人身
體成長減緩，而力量和運動技能增進。

　　嬰幼兒發展以感覺和動作發展為主。感覺發展包含觸覺、味
覺、嗅覺、聽覺和視覺：觸覺是最早發展的感覺，如兩個月的胎
兒出現探索反射、三十二週的胎兒對觸碰敏感；味覺在嬰兒出生
時即能區辨不同味道；嗅覺也是出生時即能將對氣味的喜好反應
在面部表情上；聽覺也是出生時對聲音即有反應，會轉向有聲音
的地方；視覺系統在出生時尚未完全成熟，但是已能追隨燈光移
動頭部，也有成熟的色彩知覺，兩個月大便能知覺形體，也表現
出對深度的知覺和視覺偏好，三歲的視覺接近於成人的敏感度。
另外在動作發展上，頭部控制在出生時即能轉頭，二～三個月能
抬頭；手的控制則是出生時便有抓取反射；接著是移動能力的發
展，從三個月開始便開始翻身、趴姿、坐姿、蠕動腹部、爬行、
站立到走路的進展。

 ## 貳、皮亞傑認知發展階段

　　皮亞傑認知發展理論雖然是距今半世紀前形成的，但至今仍
是發展心理學中一個主導性的力量（林美珍編譯，2009）。皮亞
傑認為兒童的認知發展有四階段：

1. 感官動作期（0～2 歲）：透過反射反應的個體，運用感覺和
   動作能力，成為能依環境而組織行動的人。嬰兒在這個時期
   亦獲得簡單形式的物體恆存概念，了解到物體即使不在視線
   中卻仍然存在。此時期後期階段的兒童不再只是操弄物體，

而是藉由言語把外在的動作內化到心理。

2. 前操作期（2～7歲）：兒童開始以心像與語言來表徵自己的想法，使用符號來發展表徵系統：心像、繪畫，尤其是語言。這時期兒童是自我中心的，集中於單一向度，無法同時考慮兩個或以上的變項；僅從他們自己的觀點來看世界，較難從別人的觀點出發，時常忽略了某些重要的訊息。

3. 具體操作期（7～11歲）：兒童能夠同時考慮一個以上的觀點，能夠正確表達訊息的轉換、統整訊息的多重來源，能精通概念之間的守恆、序列、階層關係，逐漸能合理思考解決問題，但他們無法思考所有邏輯的可能結果，不了解高層次抽象概念。

4. 形式操作期（11歲以上）：認知上一些最大的改變是邏輯與科學推理。此階段兒童可以運用抽象以及具體現實地來推理，具有考慮所有可能結果的能力。開始進行抽象思考，思考真實結果是在邏輯可能的架構內。這個階段的兒童可以進行系統性實驗，對於分類與關係有相當深入的了解。皮亞傑認為形式操作期是認知發展歷程的顛峰，是之前所有發展的果實（林美珍編譯，2009）。

　　任何人的成長都需經歷此四個階段，其成長的快慢可能因為個人或文化的背景不同而有差異，但因每一階段的發展都是後一階段發展的基礎，所以四個時期的發展順序是不會改變的。

　　皮亞傑認為智力是一種個體適應環境的現象；個體在適應環境的過程中會有同化、調適、平衡三種作用：同化是指個人運用既有的知識與認知基模，對新的學習情境做出反應，以達到高認知發展層次。調適是指個人改變自己既有的認知結構來接受新的

外在訊息。同化和調適是彼此相互影響的，沒有調適，同化將不會出現（林美珍編譯，2009）。平衡是指將個人擁有的認知結構加以重組，以求能夠適應外在訊息的刺激（王文科譯，1996），是現存的認知方式與新經驗之間整體的互動。雖然每個人都有同化和調適環境的能力，但是會依個人的經驗和認知能力而產生不同的適應環境反應。另外，當個人對於環境產生不適應的現象時，自然會產生平衡和內化作用。從這些觀點來看，個人是有能力去適應環境，但是會受個人的認知能力而有不同的適應反應。

而影響個人認知成長的因素有四：生理成熟、物理經驗、社會交流和平衡化（自我協調）（黃湘武等，1985）。由於認知成長是個人表現適應環境反應的重要因素，所以應重視個人的生活環境、社會與文化背景的配合。

參、布魯納認知發展階段

布魯納認為人透過個體對外在事物的知覺，再轉換為內在心理反應而獲得知識的過程，稱為認知表徵；個體運用認知表徵系統（如感覺動作、符號理解等）來認識環境及表現自己想法。

整個知識獲得的過程是個體自然且主動進行的，但是會因個體的生理和心理發展而有不同的方式。因此，布魯納的認知發展論主張認知表徵方式會隨年齡發展分為三歲以下的動作表徵期、形象表徵期、符號表徵期（張愛卿、王思訊，2001）。「動作表徵期」是指幼兒以動作來探索世界、了解周圍世界；「形象表徵期」則是運用感官系統對事物的理解，來了解周圍世界；「符號表徵期」則是運用語言文字、數學符號或圖形來連結先備經驗知

識、產生新的知識系統。

肆、關鍵期

奧地利生物學家 Lorzen（1937）在研究鳥類的感情世界時發現動物的印銘現象，並提出關鍵期（critical period）的主張。關鍵期是指個體在身心發展的過程中，在某年齡的階段內，個體的身心狀態對某種行為的形成特別重要，也特別適合學習某種行為（黃慧真譯，1994）。

在個體發展上，運用到關鍵期的觀點：

1. 學習某種行為的最佳時機，如三個月～六歲是幼兒語言發展的關鍵期，尤其是在十二～十八個月；大小便訓練關鍵期是在一歲半。

2. 依附關係是個人未來人格及社會發展的基礎，嬰幼兒時若與他人的親密關係發展不順利，會影響到其日後的人格及人際關係；如果嬰兒和重要他人（通常是母親或是主要照顧者）沒有發展出良好的親密互動關係如信任感、安全感，則他在日後的人際關係上，便會呈現出較為退縮、焦慮的狀態（黃慧真譯，1994）。

3. 個體的發展是階段性的持續歷程，如嬰幼兒藉由爬行來增強肌肉力量和平衡感，若在此時讓嬰幼兒缺少爬行的練習，甚至提早學習行走，將使嬰幼兒無法靈活運用身體的肌肉、獲得平衡感，而影響下一階段的成長發展，所以前一個發展狀態會影響下一個階段的發展。

伍、敏感期

蒙特梭利提出「敏感期」的觀點，是指兒童在某一段時間對某一些事物特別有興趣及感受性，所以提供一個預備好的環境能對兒童發展有所幫助（賴媛、陳恆瑞譯，1993）。她首先提出兒童對秩序的敏感期，幼兒約在一歲時會對穩定的環境較為喜好；幼兒是藉由辨識物體間的關係去了解環境，進而形成內在的環境觀點。其次提出舌頭和手的運用敏感期，幼兒主要以此去探索環境，並進而學習控制它們。接著對學習走路的需求也是重要的發展，幼兒藉以表現擁有自主權。此外，對微小事物的注意，發展幼兒的探索興趣和好奇心，稱之為細物敏感期。最後，兒童對社會關係的需求，藉由觀察別人活動，了解別人的想法和行為，進而建立和他人和諧的關係（許興仁、邱琡雅譯，1994）。

陸、幼兒創造力發展

勒門（Lehman）認為，創造力出現於兒童早期的遊戲，然後才慢慢地擴展到幼兒生活的其他領域，幼兒創造力能否表現出來，端看其環境是否允許幼兒盡情表現。而阿瑞斯特（Arasteh）認為個體從幼兒到青年時期，其創造力的發展有四個關鍵期，特別強調創造力發展的第一個關鍵期是在五～六歲之間，即在幼稚園階段（黃慧真譯，1994）。

董奇（1995）提出兒童創造力的特質，其會隨著兒童的年齡

不斷增長，而學前階段兒童只能進行直觀、具體的創作方式，所以作品及想法缺乏嚴密性和邏輯性，而且脫離現實，也過度誇張和不符合邏輯規則。不過，由於兒童的創造力自發性強，對所接觸的任何東西都表現出濃厚的興趣，所以在所從事的全部活動中都能發現他們的創造力表現。

柒、幼兒繪畫能力發展

繪畫能滿足幼兒表達需求、肢體的協調及控制力，並培養觀察力和想像力，使情感和思考獲得平衡。幼兒繪畫能力受到生理發展（手部肌肉、視覺知覺和認知能力）影響，呈現幼兒繪畫發展六階段（王德育譯，1991）：

1. 塗鴉期（2～4歲）：幼兒透過逐步控制手部肌肉和命名，開始學習自我表達。

2. 前圖示期（4～7歲）：幼兒以幾何線條構圖或用來代表某種事物，此時期出現火柴棒人形，而且畫人形時會扭曲或省略某些部位，不成比例。但是手臂、身體、手指、腳趾、衣服、頭髮和其他細節部位會漸漸出現，大小會成正比，讓其他人可以認出圖像或符號。特別喜歡畫出與生活有關的事物，如家人、寵物或朋友等。

3. 圖示期（7～9歲）：兒童會用基底線代表地面，會出現幾種主觀空間表現，如正面、展開、X光畫等表現。描繪物體時，與物體本體愈來愈相似。

4. 寫實萌芽主義（9～12歲）：年齡愈大的兒童愈在意自己的作品。幾何平面取代底線，物體畫得比較小，也較不扭曲。

5. 寫實主義（12～14 歲）：對自己的作品相當嚴格，人形畫得更仔細，也出現性別特色。卡通、漫畫和活動玩偶也很受歡迎。展現出深度和協調。

6. 藝術決定期（14～17 歲）：除非得到更進一步的指導，不然會停滯發展。為了形成個人風格，他們會模倣某類藝術風格。

兒童繪畫以遊戲的成分居多，讓其在繪畫當中表現想像力、思考、觀察，以及認識形狀、線條、色彩、大小、前後關係等，便能引發對於繪畫的興趣。

 # 捌、幼兒自我概念發展

自我概念是指個人對自我形象的看法，包括生理形象及心理形象，一般而言，生理形象（8 個月以後）比心理形象（12 個月以後）更早發展，而自我概念的建立來自於父母、手足、照顧者、友伴及幼兒自己（黃慧真譯，1994）。

對於自我概念，皮亞傑提出自我協調觀點（self-regulation）。當個人在不能理解事物時，會主動找尋新的思考方式，而這便是促進個人認知發展的驅力。而影響個人自我協調發展的因素有認知成長、人際交流和生活經驗（黃湘武，1993）。其中，影響自我概念顯著的是人際交流，個人透過與他人的互動形成自我認定、產生自我評價，進而發展實現自我理想（張春興，1999）。

玖、幼兒角色取替能力發展

角色取替能力是指設想他人觀點的能力，依沙門（Selman）的角色取替能力發展，分為三～七歲的自我中心期、四～九歲的主觀期、六～十二歲的自我反省期、九～十五歲的深層社會觀（張春興，1999）。

親社會行為（prosocial behavior）是出自對他人的關切而且不期待有回報的行為表現。十八個月幼兒會對受傷或不快樂的孩子表示同情，但直到四歲以後，孩子才會表現較顯著的親社會行為。親社會行為的孩子在心智上較成熟，並能採取他人角色立場（黃慧真譯，1994）。

拾、幼兒道德發展

道德的特質是內在的心理傾向、具有表現的對象、有一致性和持久性。道德觀念和認知成長相配合，並且和「角色採取」有關（張春興，1999）。皮亞傑道德發展論分為零～四歲的無律階段或道德前期、四～八歲的他律階段、八～十二歲的自律階段。科爾堡（Kohlberg）對於人的道德發展提出三期六階論：道德成規前期、道德成規期和道德自律期。其中，道德成規前期出現在學前階段至小學中低年級，此時的道德會採他人的標準，並有避免責罰和獲得獎賞的傾向。此期可分避罰服從導向和相對功利導向，兒童會遵守規範但尚未形成自己的主見。

拾壹、幼兒遊戲發展

　　遊戲是一種內在動機的行為，能增進幼兒身心健康、啟發想像力、助長正向行為和智力。遊戲可依社會活動分為社會性遊戲和認知遊戲。前者是指孩子在遊戲中與他人互動的程度，對此，芭頓（Parten）提出遊戲階段分為獨立遊戲、平行遊戲、聯合遊戲和合作遊戲，發現孩子的遊戲會隨年齡增長更呈社會化和合作。後者是指孩子認知發展的層次，並會促進發展，對此，皮亞傑提出遊戲發展階段分為零～一歲半的功能性遊戲、一歲半～二歲的建構性遊戲、二～六歲的象徵性遊戲、七歲以後的規則性遊戲。對於遊戲的型態，幼兒進行遊戲的種類包括感覺遊戲、運動遊戲、模仿遊戲、受容遊戲和建構遊戲（郭靜晃譯，1997）。

　　遊戲中最重要的發展任務是發展人際關係。一般而言，幼兒三歲開始有朋友，友誼的特色是共同活動（一起從事某件事）、感情（喜歡和關心）、支持（分享和幫助）和接近性（住家附近和同校）。Robert Selman（1979）提出友誼階段為三至七歲的暫時玩伴、四至九歲的單向支持、六至十二歲的公平合作、九至十五歲的親密互享關係、十二歲以後自主的相互依賴（黃慧真譯，1994）。

拾貳、幼兒人格發展

　　人格（personality）是個人特性、行為、氣質、情緒與心理特

質的型態，也就是個人在社會生活的適應過程中對自己、他人、事物，在其身心行為上所表現出的獨特個性，這個性又受到遺傳、成熟、環境與學習交互作用所影響（黃慧真譯，1994）。在幼兒氣質的表現上會依幼兒的活動水準、生物功能規律性、對陌生人和新環境的接受快慢、適應程度、引發反應的刺激量和將產生的反應程度、情緒品質、被分神的程度和堅持度而定。佛洛依德把滿足視為人格發展的主軸，而發展出人格發展階段分為零～一歲的口腔期、一～三歲的肛門期、三～六歲的性器期、六～十二歲的潛伏期、十二歲以後的兩性期。強調社會和文化因素對自我影響的艾瑞克森的心理社會發展論則認為，個體自我發展有不同年齡的心理危機，個體透過在經驗中自我調適化解危機，分為零～二歲的信任危機、二～三歲的自主自動危機、三～六歲的進取樂觀危機、六歲至青春期的勤奮努力危機。

拾參、幼兒情緒發展

　　情緒是由刺激所引起，是個體的一種主觀意識的歷程，其表現是身心全面性的變化。出生後便會顯現出感興趣、苦惱、嫌惡的模樣，接著會再細分出快樂、生氣、驚訝、悲傷和害怕。幼兒一般的情緒發展有：恐懼、憤怒、嫉妒、害羞到愛。直到幼兒發展出自我意知（self-awareness）——了解自己和他人事物是分開的，才使他們開始反省自己的行動，會以社會標準來衡量。情緒的學習可透過刺激反應學習、交替學習、刺激類化、增強作用及模仿（黃慧真譯，1994）。

　　幼兒的依附關係建立亦會影響幼兒情緒表現。依附（attach-

ment）是存在兩人之間一種主動、情深、雙向的關係。依附的型
態有「安全依附」：母親離開時會哭和抗議，母親回來時會快樂
迎接；「焦慮逃避依附」：母親離開時很少哭，母親回來時會逃
避她；「焦慮衝突依附」：母親離開前便開始焦慮，當母親回來
時便表現出衝突情形；「無組織無目標依附」：母親回來時高興
迎接卻又轉頭離開或眼睛不看她。依附關係的關鍵在於成人和嬰
幼兒之間的互動，除了母親和照顧者外，父親也是重要的依附關
係人。兩歲以前是依附關係培養的關鍵期，會影響幼兒面對事物
的態度和方式；但依附態度並非持久穩定的，仍會隨成長所面對
的環境及人事而改變。

 # 拾肆、幼兒語言發展

　　語言能力能促進社會行為發展，形成自我概念的一個要素，
也能反映智力發展的一種結果（黃慧真譯，1994）。幼兒語言發
展階段分為一歲以前的準備期（先聲期）、一歲～一歲半的單字
句期、一歲半～二歲的雙字句期（電報式語言）、二歲～二歲半
的文法期、二歲半～三歲的複句期（好問期）。

　　對於語言內容，皮亞傑將其分為自我中心語言和社會化語
言。「自我中心語言」是指幼兒說話完全以自己的一切為中心，
不與他人交換意見或徵詢他人的意見，包括反覆語句、獨語、集
體獨語情形；「社會化語言」則是幼兒利用語言與他人交往的方
式。而維高斯基（Vygotsky）亦將語言內容分為社會語言、自我
中心語言和內在語言。「社會語言」是三歲以前所使用的語言，
用來控制別人行為；「自我中心語言」是三～七歲使用的語言，

用來控制自己的行為；「內在語言」則是七歲以後的語言，用來引導思考和行為。

 ## 拾伍、幼兒動作發展與體適能

　　幼兒動作發展會影響幼兒對自我概念、智力、人格、社會行為和身心發展。動作發展有四種通則：頭尾原則（頭部先，而後下肢；身體先，而後四肢）、分化與統整原則（一般到特殊發展、特殊到協調的集中發展）、成熟與學習的交互作用，以及功能不對稱原則。

　　輔導幼兒動作發展原則為：以全身運動為主的活動、提供良好的示範及學習和個別練習的機會、注意性別差異與個別差異，以及避免做過分劇烈的運動。體適能在實行上也被定義在要達到下列測試成績的表現：有氧能力、身體組成、關節柔軟度和骨骼肌的力量及耐力。美國運動醫學學會（ACSM）建議青少年與幼兒體適能計畫的主要目的在鼓勵採行適當的終身運動習慣，進而以足夠的體適能活動來發展與維持機體的功能並增進健康。

實例分析

幼兒繪畫發展

圖 1：三歲「去公園散步」

分析：塗鴉期的特色是以線條和
　　　圓圈為主，但是會以命名
　　　表達想法。

圖 2：四歲「我喜歡蘋果」

分析：前圖式期出現火柴棒人，
　　　但只畫出眼睛，省略部分
　　　身體部位。

圖 3：五歲「我和媽媽」

分析：雖是火柴棒人，但把臉的
　　　部位做了更完整的呈現，
　　　也有上下排列。

圖 4：五歲「我」

分析：對臉部和肢體有更多的描
　　　繪，也增加色彩的變化。

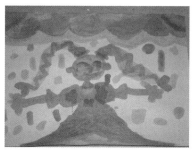

圖 5：六歲「我和哥哥」
分析：出現手指的描繪，並以
　　　故事敘述來說明畫中的
　　　事物。

圖 6：七歲「娜莉沙公主」
分析：完整展現天空和地面，
　　　也畫出人的臉部和手部
　　　的結構，呈現圖式期。

～幼兒透過與他人互動形成自我認定和評價～

～友誼關係是幼兒遊戲發展最重要因素～

～漸進式的伸展活動有助於幼兒動作發展～

參考文獻

王文科（譯）（1996）。J. L. Phillips 著。皮亞傑式兒童心理學與應用。台北市：心理。

王德育（譯）（1991）。V. Lowenfeld 著。創造與心智的成長——透過藝術談兒童教育。台北市：文泉。

林美珍編譯（2009）。R. S. Siegler, & M. W. Alibali 著。兒童認知發展——概念與應用。台北市：心理。

張春興（1999）。教育心理學。台北市：東華。

張愛卿、王思訊（2001）。放射智慧之光——布魯納的認知與教育心理學。台北市：貓頭鷹。

許興仁、邱琡雅（譯）（1994）。P. P. Lillard 著。蒙特梭利新探。台南市：光華女子高級中學。

郭靜晃（譯）（1997）。J. F. Christie, J. E. Johnson, & T. D. Yawkey 著。兒童遊戲——遊戲發展的理論與實務。台北市：揚智。

黃湘武等（1985）。國中生質量守恆、重量守恆、外體積觀念與比例推理能力的抽樣調查研究。中等教育，36（1），44-65。

黃湘武（1993）。皮亞傑理論在科學教育上的應用研究。載於杜祖貽（編），西方社會科學理論的移植與應用（頁53-62）。台北市：遠流。

黃慧真（譯）（1994）。D. E. Papalia, & S. W. Olds 著。兒童發展。台北市：桂冠。

董奇（1995）。兒童創造力發展心理。台北市：五南。

賴媛、陳恆瑞（譯）（1993）。M. Montessori 著。蒙特梭利幼兒教學法。台北市：遠流。

第六章　嬰幼兒照護

朱如茵、陳昭如

簡單來說，保育可分為「保」及「育」兩方面來解釋，「保」就是保護及保健，其消極的定義為讓嬰幼兒免於生病、受傷及心理傷害等，積極的希望嬰幼兒能自由發展潛能，成為身心健全的人，擁有健康的身體、和諧的情緒和完整的人格。「育」則包括了生育、養育及教育，其主要目的為獲得優質的人口，因此要計畫生育時，就必須留意優生保健相關事宜。在養育方面不僅要注重飲食營養，還需給予愛和關懷。藉由教育，讓孩子懂事理、明是非，在知識、技能與情意上都能均衡發展，對未來社會國家貢獻一己之力。

壹、優生保健

優生保健之目的是為提高人口素質，保護母子健康及增進家庭幸福（行政院衛生署，2002）。利用遺傳學及優生學的原理與醫學技術，在婚前、孕前、產前及產後等階段的衛生保健服務與指導，使遺傳性疾病早期發現，並給予適當的防範與治療，以避免先天性缺陷兒的產生，孕育健康的下一代。其服務內容包括：

解釋有關遺傳性疾病的事宜、及早診斷出遺傳性疾病、迅速予以治療或防範，以及協助並指導父母撫養遺傳性疾病兒的原則及方法（詹景全，2003）。優生保健服務項目和對象，如表6-1所示。

表6-1　優生保健服務項目及對象

服務項目	服務對象
一、臨床遺傳諮詢診斷與治療 二、優生健康檢查	1. 經證明四親等以內親屬或本人疑似罹患遺傳或精神疾病者。 2. 經產前遺傳診斷技術發現胎兒不正常，需對流產物或新生兒確定診斷者。
三、婚前健康檢查	未婚或已婚尚未生育之男女。
四、產前遺傳診斷 　1. 超音波檢查 　2. 羊膜穿刺 　3. 羊水分析	孕婦有下列情形之者： 1. 34 歲以上之高齡孕婦。 2. 本胎次有生育先天性缺陷兒之可能者。 3. 曾生育先天性缺陷兒者。 4. 本人或配偶有遺傳疾病者。 5. 家族中有遺傳疾病者。 6. 習慣性流產者。
五、新生兒篩檢 　1. 檢體採集 　2. 檢驗作業 　3. 追蹤複檢 　4. 診斷治療	所有新生兒。

資料來源：衛生福利部國民健康署（2011）。

貳、新生兒篩檢

　　新生兒篩檢為新生兒先天代謝異常疾病篩檢之簡稱。其多為隱性遺傳疾病，是新陳代謝顯著異常、身體機能障礙的疾病。多半是某些基因突變，導致特殊酵素缺乏，造成代謝產物無法排出體外。不正常的代謝產物堆積在體內，產生身體機能障礙，又加上新物質的形成受阻，引發無法挽回之後遺症，如智能障礙、發展遲緩等問題（詹景全，2003）。這些疾病在新生兒時期臨床症狀通常不明顯，可經由採取新生兒餵食四十八小時後的少量腳跟血檢驗。目前可篩檢出的先天代謝異常疾病分別為：第一代新生兒篩檢——苯酮尿症、高胱胺酸尿症、半乳糖血症、先天性甲狀腺低能症及葡萄糖六磷酸鹽去氫酶缺乏症等五種疾病篩檢，其發生率依序為：葡萄糖六磷酸鹽去氫酶缺乏症、先天性甲狀腺低能症、苯酮尿症、高胱氨酸尿症、半乳糖血症；第二代新生兒篩檢新增先天性腎上腺增生症及三十二種罕見代謝異常疾病，以期篩檢出更多的罕見疾病，使患童的傷害降至最低（陳惠玲等，2005；詹景全，2003；蔣立琦等，2004）。

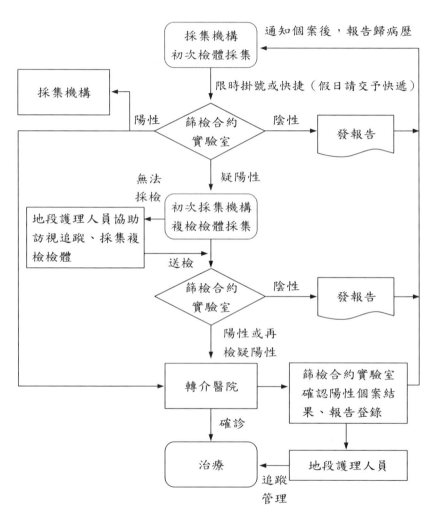

圖 6-1　新生兒篩檢作業流程圖

資料來源：衛生福利部國民健康署（2011）。

參、嬰幼兒期的營養

　　嬰兒時期的生長速率較其他生理階段高，每天所需熱量約每公斤體重 100～120 大卡，一歲的幼兒每天約需 1,250 大卡的熱量。因此必須不斷地提供高品質的營養素來建造新的組織，如蛋白質是供給肌肉及組成人體各種器官最重要的營養成分；鈣是骨骼發育所必需；熱量則是生長所需，以滿足生長機能及體能活動的需求。且嬰兒時期器官、系統發育尚未成熟，因此消化、代謝及排泄能量受限，所以嬰兒的飲食不應超過他的需要或消化能量。再加上嬰兒體內水分含量特高，約占體重的 80%，所以哺餵時應提供多量游離水分，以維持適當的體液狀況。最適合嬰兒的飲食（以母乳為原型）是脂肪量最高而碳水化合物含量次之的。嬰兒有很高的熱量需求，但他們的胃很小，每次只能進食很少的份量，脂肪的熱量密度最高，所以特別適合嬰兒。嬰兒的腦部成長一直到十八或二十四個月大為止，高脂飲食對腦部成長也很重要。嬰兒期的營養是一生健康的基礎，良好的營養使嬰幼兒生長與發育正常，尤為腦部組織的發展最為重要，能發揮最好的體力及智能（祁明華，2008）。

　　一歲以上的幼兒每天約需 1,250 大卡的熱量，其各部分組織器官都在快速發育，所需要的各種營養素特別多。又因運動機能特別發達，活動量大增，所以熱量的補充不容忽視，且應注意蛋白質的攝取，因幼兒頭腦的發育，血液、毛髮的形成，甚至新陳代謝所需的酵素也都需要蛋白質來合成，如果幼兒期之營養狀況良好，則身體發育良好，對疾病的抵抗力強；反之則會影響其正

常發育，而造成體格矮小、學習能力較差及抵抗力弱等。另外，幼兒開始對食物有喜惡之分，如大人一味迎合要求，易造成偏食之惡習，且對外界感到好奇，喜歡觸摸各種東西或放入口中，而引起中毒、消化不良或意外傷害等問題。幼兒期的特徵是身心兩方面均迅速的發展，需要充分的營養滋潤，方能日漸茁壯成長（祁明華，2008；王昭文等，2007）。

　　嬰幼兒期的營養缺失會引起體格發育不良，抵抗力下降、容易感染疾病，或生病時病情較嚴重，癒後較差；尤其是腦部的發育更是無法改進。

肆、母乳哺餵

　　嬰兒最好的天然食物是母乳，尤其是初乳，成分稠濃，量少，抗體的含量特多，可防止新生兒發生嚴重的下痢，並可增強新生兒對疾病的抵抗力，且母乳中富含蛋白質、維生素。因新生兒時期消化系統發育及功能不夠成熟，主要營養來源為乳品，而母乳最為理想。

(一) 哺餵母乳對嬰兒的好處：營養合乎嬰兒需要

1. 抗體及免疫力的來源：喝母乳的嬰兒較吃配方奶的嬰兒更少發生腹瀉、中耳炎、腦膜炎及腸病毒，因母乳含多種免疫球蛋白，可抵抗病原體入侵。

2. 營養豐富，好消化吸收：母乳為乳清蛋白，易消化，可完全提供四～六個月嬰兒所需之營養，母乳是嬰兒最珍貴的營養來源。

3. 頭好壯壯，DHA 多多：母乳含非常多 DHA（多鏈未飽和脂

肪酸），較配方奶高，對嬰兒腦部及視網膜發育很有幫助。

4. 腎臟無負擔：母乳中電解質及鐵含量比配方奶低，但吸收利用率較高，可減低嬰兒腎臟負擔。

5. 培養良好親子關係：可滿足對愛、食物及安全的需要，使心理健全易適應社會生活。

6. 新鮮看得見：母乳對嬰兒來說，是最新鮮且溫度最適合之食物。

7. 最佳口腔運動：喝母乳可以滿足嬰兒吸吮之本能，吸吮時必須運用口腔運動，可使嬰兒牙齦強壯。

(二) 哺餵母乳對母親的好處

1. 促進產後恢復：嬰兒喝母乳可促進子宮收縮，減少出血及骨盆腔充血，加速子宮復原。

2. 自然避孕法：可延長產後無月經期間，達自然避孕效果。

3. 經濟實惠：不需奶粉、奶瓶花費；可避免奶瓶消毒的麻煩；同時，寶寶喝母乳則較少生病，可節省家庭開銷。

4. 減少疾病罹患率。

5. 不易罹患卵巢癌、乳癌。

6. 使母親獲得滿足及快樂。

7. 保持身材：餵母乳的母親一天要消耗 400～1,000 卡的熱量，加速身材的恢復。

伍、嬰幼兒副食品之添加

　　母乳是嬰兒最佳的營養品，但對五～六個月大嬰兒的需求來說，母乳的質量皆不足。母乳的分泌會逐漸減少，其熱量、蛋白

質、鐵質、其他礦物質，以及維生素 A、D 亦產生不足現象，須靠母乳以外的食物補充（王昭文等，2007）。添加副食品是為補充奶類食品不足的營養，訓練嬰兒咀嚼與吞嚥能力，以及適應奶類以外的食物作為斷奶的準備。其添加原則為（王昭文等，2007；游淑芬、李德芬、陳姣伶、龔如菲，2004）：

1. 尊重幼兒的生理時鐘，當嬰兒五～六個月大，對成人進食出現強烈參與慾望或有吞口水、咀嚼等動作，即為添加副食品之佳時機。
2. 添加新食物時每次加一種，由一茶匙開始，觀察三～五天待嬰兒適應後再加另一種。
3. 餵食新食物時，需觀察嬰兒的糞便及皮膚狀況，是否有腹瀉、嘔吐、皮膚發紅等不良反應。
4. 循序漸進的方式：濃度由稀至濃，型態由流質→半流質→半固體→固體。
5. 維持愉快的餵食情境，選擇嬰兒空腹及愉快情緒時進行，先餵食副食品再喝乳汁，鼓勵但不強迫進食。
6. 量由少至多，選用新鮮自然的食材，不可添加調味料。
7. 嬰兒在一歲以前不可食用蜂蜜，因內含肉毒桿菌，易導致生病腹瀉。
8. 副食品以湯匙餵食，使嬰兒適應成人的飲食方式。

 # 陸、家庭托育服務

托育服務是一種兒童照顧的社會服務措施，主要是補充傳統家庭的兒童照顧功能或角色變遷。托育的型態可分為半日托、日

托、全日托和臨時托育。而兒童托育服務雖是補充家庭照顧功能之不足，然而隨社會結構及教養價值觀的轉變，托育服務的功能除「照顧」、「保護」兒童外，亦負擔「教育」的功能（段慧瑩、黃馨慧，2008）。亦即托育服務本身擔負著協助父母養育兒童及促進兒童發展的雙重任務。國內的托育服務形式極為多元，可簡單分為家庭式托育及機構式托育。服務學齡前幼兒之托育型式較多的有：家庭式保母、托嬰中心、托兒所及幼稚園（劉翠華、黃澤蘭、許雅喬、許芳玲，2007）。

　　所謂家庭托育，係指保母提供且布置自家住宅環境，應家長委託收費托育數名兒童，提供生活照顧及遊戲學習，但仍保有家庭生活模式的托育型態（段慧瑩、黃馨慧，2008）。國內外多位學者之研究成果指出，對兩歲以下的幼兒來說，個別的家庭式托育是較好的選擇。因較小的孩子尚未發展到適應團體生活，且許多生活自理需個別化的照料。更重要的，這階段的幼兒因生理上及情緒上尚未成熟，需要細心如母愛般的照護，在個別化或小團體的托育型態較能滿足。且家庭式保母托育形式較能提供熟悉、溫暖的環境，使嬰兒獲得較多的關注與互動，這對孩子的身體健康、早期情感的依附，乃至人格形成皆有助益（楊曉苓、胡倩瑜，2005；蔡嬪娟、張碧如，2003）。

柒、證照保母

　　政府為解決職業婦女的托兒困難，並使我國托育服務品質提昇，內政部於 1993 年開始規劃保母證照化，訂定保母人員職前核心課程 100 小時；1994 年將該訓練課程增修為 7 學分 126 小時

（內政部兒童局，2004）；1995 年頒布「兒童福利專業人員資格要點」，明定保母人員應經技術士技能檢定及格取得技術士證，並在「兒童及少年福利機構專業人員資格及訓練辦法」確認「保母人員」為兒少福利專業人員之資格（內政部兒童局，2004；段慧瑩、黃馨慧，2008）。

目前保母證照取得條件，必須為年滿二十歲之本國國民，具相關高中職以上幼保、護理、兒福相關科系，或接受 126 小時職前訓練核心課程。課程內容包含職業倫理、嬰幼兒托育導論、嬰幼兒發展、嬰幼兒保育、嬰幼兒衛生保健、嬰幼兒生活與環境及親職教育等。其檢定目標以建立保母人員所需「知識」、「情意」、「技能」的目標，以保障我國嬰幼兒福祉為目的。其檢定內容含前列七大項課程，及術科內容包含遊戲學習區、清潔區、調製區及醫護安全區等四區。而學、術科均及格者，由行政院勞委會頒發單一級保母技術士合格證照。自 1998 年起開辦保母技術士技能檢定以來，至 2008 年 9 月累計共 55,679 人取得證照（內政部兒童局，2008a）。

根據郭育祺（2004）及劉翠華等人（2007）之研究指出，證照保母在托育知識（例如環境衛生與安全、生活作息的安排等）、育兒態度、工作滿意度等皆優於非證照保母，與家長在共同養育的互動與支持度上亦較佳。

 # 捌、社區保母支持系統

隨著社會變遷，家長對托兒之需求日形殷切，嬰幼兒之家長們最關心的議題即為如何尋得近便、安全、有品質的家庭式托育

服務。行政院內政部兒童局以 2001 年頒布的「社區保母支持系統計畫」，規劃系統的保母專業基礎訓練、媒合轉介、訪視督導，作為保母人員督導管理推行。更於 2008 年 1 月 8 日核定「建構友善托育環境——居家托育管理與托育費用補助實施計畫」，期藉由輔導保母發揮專業知能，來協助家長解決托兒問題，並使幼兒獲得妥善照顧，讓幼兒、家長與保母三者均能獲得妥適的支持與協助。

保母系統的開辦主要是針對保母提供媒合轉介及督導管理，以推動托育社區化整合體系的運作，協助家長解決托兒問題，始能投入就業市場。另一方面，對於保母托育現況能隨時掌握，給予適切的輔導與協助。總而言之，社區保母支持系統主要的服務內容包括：(1)提供幼兒家長洽詢專業保母之媒合與轉介服務；(2)提供幼兒家長及系統保母托育諮詢服務；(3)針對幼兒家長提供社區親職教育，宣傳育兒知能；(4)辦理系統內保母人員之在職訓練與訪視輔導服務（內政部兒童局，2008b）。

玖、兒童意外傷害

意外傷害，按世界衛生組織（WHO）的定義為：「凡是未經預先安排的突發事件，隨機發生的不可預測事件，結果造成人體可以識別的傷害者，都稱為意外傷害」。

意外傷害是造成兒童死亡及傷殘的重要原因，歷年兒童十大死因之排行榜，意外傷害常高居前三名之列。根據衛生福利部國民健康署 2013 年公布的 2012 年十大死因之統計，事故傷害居一～十四歲主要死亡原因之首，占 23%（衛生福利部國民健康署，

2013）。最常發生事故的地點是家中及校園，尤其家對兒童來說應是最安全的，若居家環境不安全，將對幼兒造成很大的傷害。

兒童傷害事故的種類為運輸事故、溺水、異物梗塞或窒息、跌倒與墜落、燒燙傷、中毒、觸電傷及創傷等。發生兒童意外傷害的地點多為家中，其中以幼兒最常活動的客廳、廚房及臥室最為常見。

兒童意外事故發生時之傷害處理目標分別為：維持兒童之生命徵象為主，其次防止傷害再加重，最後是提供患童及家屬心理支持。因此，意外事故發生時須確保施救者自身安全，避免增加額外的罹難者，保持態度沉著與冷靜，方能做出最明智的決策、維持現場秩序、加速搶救速率、審慎判斷意外傷害之部位與程度及處理的優先次序、注意患童之保暖、防止休克、善用周邊設施並緊急通知救護單位與兒童的主要照顧者，以及儘快送醫（黃庭紅等人，2008）。

拾、兒童虐待

兒童虐待，指父母或其他成人持續性地虐待兒童或疏於照顧及保護，造成兒童有形或無形的傷害。兒童虐待方式大抵上可分為：身體虐待、性虐待、疏忽，以及精神虐待等四種形式。根據內政部資料顯示，平均每隔八天，就有一個孩子死於大人的施虐或攜子自殺，每隔五十二分鐘就有一個孩子身心受創，而父母及養父母是最常見的施虐者，約占 77%。施虐的主要原因為缺乏親子教育、婚姻失調及酗酒藥物濫用，而貧困及失業次之（柯順議，2004）。由此可知，兒童虐待及疏忽是非常複雜的社會現象

與問題，需要由教育、社會福利、衛生保健、經濟發展、職業訓練及就業等多面向加以檢視、通力合作，方能有成果。且兒童受虐將導致兒童身心受創、恐懼不安、性虐待創傷症候群及對人性失去信任，對兒童造成巨大且深遠的負面影響與衝擊（曾淑瑜、法務部，2007），故須重視兒童虐待與疏忽的防治工作，使兒童享有快樂的童年。

拾壹、兒童保護

　　兒童身心發展未臻成熟，為其提供妥適的保護與照顧，保障兒童人權是國家社會應有的責任。聯合國在 1989 年 11 月 20 日通過《聯合國兒童權利公約》，保障兒童人權的基本規範。我國為踐行《聯合國兒童權利公約》之精神，及因應我國社會變遷兒童福利需求，於 1993 年修訂《兒童福利法》時，即大幅擴充保護措施，具體化兒童保護工作相關規定，建立緊急安置及責任通報等制度，為公權力介入兒童保護工作確定法源依據。尤其 2003 年將《兒童福利法》及《少年福利法》合併修正為《兒童及少年福利法》後，將保護對象擴大為十八歲以下之兒童及少年，相關法定保護措施將原本對不幸受害兒童的協助做了更加周延與細緻的規範，並新增許多預防性的服務措施，以落實對兒童及少年的保護工作。

　　具體來說，兒童及少年保護工作的目標有下列幾項（內政部兒童局，2006）：

1. 確保遭受虐待、疏忽或處於可能虐待或受疏忽危機情境下之兒童及少年獲得安全且持續性的照顧。

2. 提供一個以兒童及少年福祉為中心、家庭場域為焦點、重視文化敏感度之全方位服務。

3. 協助個案家庭獲得必要的支持性資源，以減緩兒童及少年受虐或受疏忽程度，或者協助家外安置的兒童及少年返家。

4. 結合兒童及少年保護服務相關資源與網絡，提供多面向服務。

5. 檢討評量現行兒童及少年保護工作之相關政策、程序、技巧與知識脈絡，增進兒童及少年保護工作的最佳決策。

6. 建構適切且周延的轉介服務系統，結合政府與民間社區資源提供持續性，以家庭為基地的服務。

 # 拾貳、嬰兒搖晃症候群

所謂嬰兒搖晃症候群（shaken baby syndrome, SBS）是指因為劇烈地來回搖晃嬰兒或是幼小孩童所造成的不良後果，尤其是腦部的傷害（腦部損傷、出血及視網膜出血）。這種搖晃通常都是無數次快速地搖晃，不一定要有頭部的直接碰撞。其發生原因多為兒童虐待；或因嬰兒哭鬧不安，照顧者無法安撫失控，而將小孩抱起，緊抓小孩雙臂或腋下劇烈搖動而造成的損傷。發生的年齡大部分在一歲以前，主要在三～八個月大時（方嬋娟、卓妙如，2004）。

嬰兒搖晃症候群的症狀由於搖晃時間的長短以及劇烈程度不同而有差異，再加上嬰幼兒是否有摔在硬物上或碰撞也會有不同的徵兆。臨床上症狀反應有不安、嗜睡、不停流口水、四肢無力、抽搐痙攣、嘔吐，乃至呼吸加快、體溫下降和心跳過慢，嚴重者呈現昏迷、心跳停止、瞳孔放大，甚至死亡。其他常合併的

發現有視網膜出血、顱骨骨折、肋骨與鎖骨骨折、頭臉或身體皮膚瘀血等。嬰兒搖晃症候群將導致腦部程度不等的傷害，臨床上有很多後遺症，包括學習障礙、動作發育遲滯、肢體偏癱等腦性麻痺、視力受損甚至失明、語言障礙、癲癇等（羅澤華，2005）。

實例分析

嬰兒搖晃症

案例

台中縣太平市的陳姓保母於 2003 年 7 月為了安撫身體不適的女嬰，把女嬰抱在懷中，比平常略微用力的搖晃一、二分鐘後，安撫女嬰睡著，直到下午二時，發現女嬰全身疲軟、叫不醒而緊急送醫，經大里市仁愛醫院、中國醫藥大學附設醫院、彰化漢銘醫院等轉診急救三個月後仍宣告死亡。法官調查發現，依法醫解剖報告，女嬰出現硬腦膜下腔出血或蜘蛛膜下腔出血、兩側眼球視網膜出血、腦部損傷等這三項完全符合「嬰兒搖晃症候群」的症狀；小孩未滿一歲，醫師認為沒有外力介入下，不可能造成「硬腦膜下腔出血或蜘蛛膜下腔出血」等情形，且小孩並無外傷，所以認定為搖晃症所致。而陳姓保母因「過度搖晃」嬰兒，造成崔姓女嬰「搖晃症」致死，事後兩造以八十六萬元和解，台中地院法官判處陳婦六月徒刑，得易科罰金。

分析

本案例的症狀為硬腦膜下腔出血或蜘蛛膜下腔出血、兩側眼球視網膜出血及腦部損傷，由於嬰兒並無明顯外傷，所以醫師判定為典型

的嬰兒搖晃症。

此事件的主因是照顧者對嬰幼兒健康及照顧方式的不了解所致，如果照顧者能明白嬰幼兒腦部及視覺器官尚在發育中，快速搖晃易使腦部和視覺組織受傷，便能避免遺憾事件發生。

此外，雖然保母並非故意造成，但仍依業務過失致人於死的刑事責任被判處有期徒刑六個月，得易科罰金；另外，亦須負民事責任以八十六萬元進行民事和解。

～提供幼兒安全觀念，增進自我保護能力～
～自然情境的學習幫助幼兒健全發展～

參考文獻

內政部兒童局（2004）。**兒童及少年福利機構專業人員資格及訓練辦法**。2008 年 3 月 23 日，取自 http://www.cbi.gov.tw

內政部兒童局（2006）。**兒童保護工作手冊及工作指南**。2008 年 3 月 23 日，取自 http://www.cbi.gov.tw

內政部兒童局（2008a）。**取得保母技術士證照人數統計**。2008 年 3 月 23 日，取自 http://www.cbi.gov.tw

內政部兒童局（2008b）。**社區保母系統訪視督導員實務手冊**。台中市：作者。

王昭文、吳裕仁、唐紀絜、許世忠、陳師瑩、陳慈領、黃靖媛、馮瑜婷（2007）。**幼兒營養與膳食**（三版）。台中市：華格那。

方嬋娟、卓妙如（2004）。嬰兒搖晃症候群之護理。**台灣醫學，8**（3），433-436。

行政院衛生署（2002，9 月 5 日）。**保健常識──優生保健服務**。2008 年 3 月 23 日，取自 http://www.doh.gov.tw

祁明華（2008）。**嬰幼期的營養**。行政院衛生署苗栗醫院。2008 年 3 月 23 日，取自 http://www.mil.doh.gov.tw/dietetics/defend_01.asp

柯順議（2004）。由兒童疏忽探討親職教育的方向。**網路社會學通訊期刊**。2008 年 3 月 23 日，取自 http://www.nhu.edu.tw/~society/e-j/41/41-27.htm

段慧瑩、黃馨慧（2008）。台灣證照保母托育服務概況調查。**幼兒教育年刊，19**，19-50。

郭育祺（2004）。**雙薪家庭幼兒母親知覺和保母之養育參與、共養及養育品質研究**（核定版）。台中市：內政

部兒童局。

陳惠玲、鄧燕妮、吳錦明、陳盈利、陳淑姬、楊慶華、何
　婉喬、賈璟祺（2005）。**優生保健概論**。台中市：華
　格那。

曾淑瑜、法務部（2007，2月8日）。**誰狠心傷害了小天
　使**。犯罪問題焦點。取自 http://www.moj.gov.tw

游淑芬、李德芬、陳姣伶、龔如菲（2004）。**嬰幼兒發展
　與保育**。台北市：群英。

黃庭紅、詹惠婷、周梅如、江柳宜、馬藹屏、安奇、游惠
　禎、王瑞霙、黃麗敏、羅雪琴（2008）。**兒童安全與
　急救**。台中市：華格那。

楊曉苓、胡倩瑜（2005）。台北市合格家庭保母托育現況
　及托育服務品質之研究。**兒童少年福利期刊，8，**
　1-31。

詹景全（2003）。**優生學概論**。台北市：啟英。

劉翠華、黃澤蘭、許雅喬、許芳玲（2007）。**托育服務概
　論──政策、法規與趨勢**。台北市：揚智。

蔣立琦、蔡綠蓉、黃靜微、毛新春、吳書雅、葉麗娟、林
　冠伶、劉英妹、林元淑、張淑敏、曹堅華、曾莉淑、
　鄭美玲、翁欣蓉、廖愛華、陳秀蓉（2004）。**兒科護
　理學**（二版）。台北市：永大。

蔡嬌娟、張碧如（2003）。家長對保母選擇及關係建立──
　兼談證照與非證照保母之比較。**兒童福利期刊，4，**
　133-155。

衛生福利部國民健康署（2011）。**新生兒先天性代謝異常
　疾病篩檢作業手冊（修訂版本）──採集機構版本**。

2013 年 10 月 31 日，取自 www.hpa.gov.tw/BHPNet/Web/HealthTopic/TopicBulletin.aspx？id=200801290001&Class=0&parentid=200712250005

衛生福利部國民健康署健康九九網站（2013）。**101 年國人主要死因統計結果**。2013 年 10 月 29 日，取自 http://www.health99.hpa.gov.tw/Hot_News/h_NewsDetailN.aspx？TopIcNo=6798

羅澤華（2005）。嬰兒搖晃症候群。**基層醫學，20**（6），140-142。

附錄 1 優生保健法

1. 中華民國七十三年七月九日總統（73）華總㈠義字第 3602 號令制定公布
2. 中華民國八十八年四月二十一日總統（88）華總㈠義字第 8800084060 號令修正公布第 9 條條文
3. 中華民國八十八年十二月二十二日總統（88）華總㈠義字第 8800303420 號令修正發布第 2、3 條條文
4. 中華民國九十八年七月八日總統華總一義字第 09800167891 號令修正公布第 9、10、18 條條文；並自九十八年十一月二十三日施行

中華民國一百零二年七月十九日行政院院臺規字第 1020141353 號公告第 2 條所列屬「行政院衛生署」之權責事項，自一百零二年七月二十三日起改由「衛生福利部」管轄

第一章 總則

第 1 條 為實施優生保健，提高人口素質，保護母子健康及增進家庭幸福，特制定本法。

本法未規定者，適用其他有關法律之規定。

第 2 條 本法所稱主管機關：在中央為行政院衛生署；在直轄市為直轄市政府；在縣（市）為縣（市）政府。

第 3 條 中央主管機關為推行優生保健，諮詢學者、專家意見，得設優生保健諮詢委員會，研審人工流產及結紮手術之標準；其組織規程，由中央主管機關定之。

直轄市、縣（市）主管機關為推行優生保健，得設優生保健委員會，指導人民人工流產及結紮手術；其設置辦法，由直轄市、縣（市）主管機關定之。

第 4 條 稱人工流產者，謂經醫學上認定胎兒在母體外不能自然保持其生命之期間內，以醫學技術，使胎兒及其附屬物排除於母體外之方法。

稱結紮手術者，謂不除去生殖腺，以醫學技術將輸卵管或輸精管阻塞或切斷，而使停止生育之方法。

第 5 條　本法規定之人工流產或結紮手術，非經中央主管機關指定之醫師不得為之。

前項指定辦法，由中央主管機關定之。

第二章　健康保護及生育調節

第 6 條　主管機關於必要時，得施行人民健康或婚前檢查。

前項檢查除一般健康檢查外，並包括左列檢查：

一、有關遺傳性疾病檢查。

二、有關傳染性疾病檢查。

三、有關精神疾病檢查。

前項檢查項目，由中央主管機關定之。

第 7 條　主管機關應實施左列事項：

一、生育調節服務及指導。

二、孕前、產前、產期、產後衛生保健服務及指導。

三、嬰、幼兒健康服務及親職教育。

第 8 條　避孕器材及藥品之使用，由中央主管機關定之。

第三章　人工流產及結紮手術

第 9 條　懷孕婦女經診斷或證明有下列情事之一，得依其自願，施行人工流產：

一、本人或其配偶患有礙優生之遺傳性、傳染性疾病或精神疾病者。

二、本人或其配偶之四親等以內之血親患有礙優生之遺傳性疾病者。

三、有醫學上理由，足以認定懷孕或分娩有招致生命危險或危害身體或精神健康者。

四、有醫學上理由，足以認定胎兒有畸型發育之虞者。

五、因被強制性交、誘姦或與依法不得結婚者相姦而受孕者。

六、因懷孕或生產，將影響其心理健康或家庭生活者。

未婚之未成年人或受監護或輔助宣告之人，依前項規定施行人
工流產，應得法定代理人或輔助人之同意。有配偶者，依前項
第六款規定施行人工流產，應得配偶之同意。但配偶生死不明
或無意識或精神錯亂者，不在此限。

第一項所定人工流產情事之認定，中央主管機關於必要時，得
提經優生保健諮詢委員會研擬後，訂定標準公告之。

第 10 條 已婚男女經配偶同意者，得依其自願，施行結紮手術。但經診
斷或證明有下列情事之一，得逕依其自願行之：

一、本人或其配偶患有礙優生之遺傳性、傳染性疾病或精神疾
　　病者。

二、本人或其配偶之四親等以內之血親患有礙優生之遺傳性疾
　　病者。

三、本人或其配偶懷孕或分娩，有危及母體健康之虞者。

未婚男女有前項但書所定情事之一者，施行結紮手術，得依其
自願行之；未婚之未成年人或受監護或輔助宣告之人，施行結
紮手術，應得法定代理人或輔助人之同意。

第一項所定應得配偶同意，其配偶生死不明或無意識或精神錯
亂者，不在此限。

第一項所定結紮手術情事之認定，中央主管機關於必要時，得
提經優生保健諮詢委員會研擬後，訂定標準公告之。

第 11 條 醫師發現患有礙優生之遺傳性、傳染性疾病或精神疾病者，應
將實情告知患者或其法定代理人，並勸其接受治療。但對無法
治癒者，認為有施行結紮手術之必要時，應勸其施行結紮手術。
懷孕婦女施行產前檢查，醫師如發現有胎兒不正常者，應將實
情告知本人或其配偶，認為有施行人工流產之必要時，應勸其
施行人工流產。

第四章　罰則

第 12 條 非第五條所定之醫師施行人工流產或結紮手術者，處一萬元以
上三萬元以下罰鍰。

第 13 條　未取得合法醫師資格，擅自施行人工流產或結紮手術者，依醫師法第二十八條懲處。

第 14 條　依本法所處罰鍰，經催告後逾期仍未繳納者，由主管機關移送法院強制執行。

第五章　附則

第 15 條　本法所稱有礙優生之遺傳性、傳染性疾病或精神病之範圍，由中央主管機關定之。

第 16 條　接受本法第六條、第七條、第九條、第十條所定之優生保健措施者，政府得減免或補助其費用。

前項減免或補助費用辦法，由中央主管機關擬訂，報請行政院核定後行之。

第 17 條　本法施行細則，由中央主管機關定之。

第 18 條　本法自中華民國七十四年一月一日施行。

本法中華民國九十八年六月十二日修正之條文，自九十八年十一月二十三日施行。

附錄 2　社區保母系統實施計畫

1. 中華民國八十九年八月五日內政部（89）童托字第 8900472 號函訂定
2. 中華民國九十四年四月一日內政部內授童字第 0940098867 號函修正
3. 中華民國九十四年十二月二十六日內政部台內童字第 0940099280 號函修正
4. 中華民國九十五年十二月十一日內政部台內童字第 0950840399 號函修正全文 13 點

壹、緣起：

　　隨著社會變遷，家長對托兒之需求日形殷切，有嬰幼兒之家長們最關心的議題，就是如何尋得近便、安全、有品質的家庭式托育服務，這也正是政府部門的重要課題。有鑑於此，建構社區化托育服務網絡，建立優質專業的家庭托育服務模式，來滿足眾多家長托兒之需求，乃成為內政部（兒童局）之重點業務，期藉由輔導保母發揮專業知能，來協助家長解決托兒問題，並使幼兒獲得妥善照顧，讓幼兒、家長、與保母三者之間，均能獲得妥適的支持與協助，爰訂定本計畫據以推行。

貳、目標：

一、促進保母育兒的專業知能，使幼兒獲得妥善照顧。

二、協助家長解決托兒問題，使能投入就業市場，促進經濟繁榮。

三、掌握保母托育現況，給予適時之輔導與協助，保障嬰幼兒托育服務品質。

四、協助保母與家長雙方有效溝通，以維持良好的托育關係。

五、透過社區式宣傳輔導，提升家長育兒知能，增進親職功能。

參、策劃單位：內政部兒童局（以下簡稱本局）

肆、主辦單位：直轄市、縣（市）政府（以下簡稱地方政府）

伍、承辦單位：經地方政府規劃承辦之法人團體、法人機構、設有（嬰）幼兒保育科系之學校。

陸、命名原則：

一、保母系統由地方政府依其轄區特性規劃分區辦理，各系統之服務區
　　域應予明定。

二、地方政府應為保母系統命名。命名應冠以直轄市、縣（市）名稱並
　　標示保母系統文字（樣式如○○縣（市）○○保母系統）。命名原
　　則如下：

　　(一)地方政府規劃單一保母系統且未設分支據點者，直接冠以直轄
　　　　市、縣（市）名稱命名，例如○○縣（市）保母系統。

　　(二)地方政府規劃單一保母系統且設有分支據點者，應於名稱之後
　　　　標示據點別，例如○○縣（市）保母系統（○○站）、○○縣
　　　　（市）保母系統（○○站）。

　　(三)地方政府規劃有二個以上保母系統者，應分別以不同名稱命
　　　　名，例如○○縣（市）○○保母系統、○○縣（市）○○保母
　　　　系統。其設有分支據點者，並應依前款規定標示據點別。

　　(四)分支據點之服務區域應達鄉（鎮、市、區）以上規模。

　　(五)地方政府規劃有二個以上保母系統者，應妥適劃分其責任區
　　　　域，以落實社區化、近便性之服務輸送。

　　(六)為健全保母托育及建立專業督導系統，逐步落實保母證照制
　　　　度，保障家庭托育品質，地方政府應執行下列事項：

　　　　1.確實掌握證照保母區域分佈情形，對於證照保母匱乏地區加
　　　　　強規劃辦理職前訓練，協助取得證照。

　　　　2.評估所轄保母系統是否有充分督導能量，如有不足，需積極
　　　　　開發結合民間團體參與並劃分負責區域。

柒、服務對象：

一、幼兒家長。

二、符合下列資格條件且加入保母系統之保母人員：

　　(一)年滿二十歲之本國國民。

　　(二)實際居住且設籍或已辦理流動人口登記於該保母系統服務區域。

　　(三)高中（職）以上幼保、護理相關科系畢業、具保母人員丙級技
　　　　術士證照或具地方政府核發之保母職前訓練結業證書。但自中

華民國九十八年起以具有保母人員丙級技術士證照者為限。

(四) 健康檢查證明合格。

(五) 經承辦單位評估與審核同意加入。

捌、服務內容：

一、提供幼兒家長洽詢專業保母之媒合與轉介服務。

二、提供幼兒家長及系統保母托育諮詢服務。

三、針對幼兒家長提供社區親職教育，宣傳育兒知能。

四、辦理系統內保母人員之在職訓練與訪視輔導服務。

玖、服務方式：

一、針對幼兒家長部分：

(一) 提供家長洽詢保母之資訊並應優先協助媒合已取得證照之保母。媒合成功後，協助家長了解契約內容，取得契約範本，鼓勵家長與保母簽訂委任契約書，並定期聯絡了解家長托兒服務使用狀況。

(二) 提供嬰幼兒保育之諮詢與輔導、托育資訊與育兒新知。

(三) 建立家長意見回饋機制，作為該系統服務內容及推廣技巧改進之參考依據。

(四) 其他對幼兒家長之服務事項。

二、針對加入系統之保母人員部分：

(一) 建立保母人員資料庫，俾利提供媒合及支持輔導服務。

(二) 提供嬰幼兒保育之諮詢與輔導、托育資訊與育兒新知。

(三) 提供家長洽詢保母之資訊並應優先協助媒合已取得證照之保母。媒合成功後，鼓勵保母與家長簽訂委任契約書，並協助保母擬定幼兒生活規劃與書寫托育日誌。

(四) 實施保母家庭訪視輔導及電話訪談。

(五) 宣導與促成多樣化托育服務的提供（到宅、定點、臨托服務）。

(六) 建立保母意見回饋機制，作為該系統服務內容及推廣技巧改進之參考依據。

(七) 實施保母考核及退出機制，並讓保母有申訴之機會與管道。

(八) 保母簽訂加入系統同意書，以明定保母與系統之權利義務。

(九) 規劃辦理在職研習，增強保母之服務品質與服務意願。一年至少二十小時。

(十) 協助保母辦理責任保險事宜。

(十一) 協助保母辦理定期（每二年補助一次）健康檢查事宜，檢查項目應含結核病胸部 X 光檢查、A 型肝炎免疫球蛋白 M 抗體（IgManti-HAV）、HIV 抗體（anti-HIV），檢查合格者始列為媒合轉介之對象。

(十二) 辦理優質保母選拔及表揚。

(十三) 鼓勵保母提供托育志願服務以回饋社區。

(十四) 其他對保母之服務事項。

三、針對社區部分：

(一) 辦理社區托（育）兒講座、親子活動。

(二) 設置保母資源中心，提供優良嬰幼兒相關圖書期刊、兒童安全玩具等供保母及社區家長借用。

(三) 其他對社區之服務事項。

拾、權責分工：

一、策劃單位（本局）：

(一) 本計畫之研訂、修正。

(二) 規劃辦理保母系統之評鑑作業。

(三) 規劃籌組保母系統之巡迴輔導團。

(四) 規劃籌組嬰幼兒照顧諮詢小組

(五) 規劃保母系統資訊作業。

(六) 研訂托兒契約參考範本。

(七) 研訂地方政府對保母系統之督導指標。

(八) 研訂保母系統相關服務之標準作業流程。

(九) 研訂保母考核及退出機制之基本原則。

(十) 督導地方政府推動本計畫。

(十一) 補助承辦單位相關經費。

(十二) 印發服務輸送流程之宣導摺頁。

(十三) 協助安排承辦單位專職督導人員及訪視輔導人員職前訓練暨在職訓練課程。

(十四) 其他有關全國一致性的作業。

二、主辦單位（地方政府）：

(一) 規劃保母系統之分區與命名。

(二) 洽定保母系統之承辦單位。

(三) 審核承辦單位研提之計畫。

(四) 補助承辦單位相關經費。

(五) 統整核轉各承辦單位申請本局補助經費案件及其核銷作業。

(六) 督導及支持承辦單位落實執行相關作業。

(七) 定期召開保母系統聯繫會議。

(八) 承辦單位異動時，輔導相關業務之移交作業。

(九) 督導與考核承辦單位執行狀況並研訂承辦單位退出機制。

(十) 督導承辦單位落實保母系統資訊作業，並核對資料正確性。

(十一) 督導協助保母資源中心之設置與運作。

(十二) 辦理優質保母選拔表揚及辦理保母系統區域聯合宣導。

(十三) 擬定托育申訴、危機處理作業流程及新聞事件發言，並接受與處理家長、保母對本系統之相關申訴事宜。

(十四) 安排承辦單位專職督導人員及訪視輔導人員職前訓練暨在職訓練課程，並定期辦理個案研討會議。

(十五) 處理不適任保母（退出系統保母）後續管理工作。

(十六) 其他有關地方政府一致性的作業。

三、承辦單位：

(一) 保母系統辦公室應設於所屬服務區域內。

(二) 依計畫玖之服務方式提供相關服務。

(三) 依主辦單位核定之實施計畫確實執行。

(四) 接受本局及地方政府之督導與評鑑。

(五) 招募參與人員，並說明計畫內容及輔導保母遵守收托守則。

(六)推廣系統據點，以求深入社區提供近便性的服務。

(七)對新加入系統之保母應進行初訪，了解其家庭特性與個人資料，並評估與審核加入之適當性，並將其資料建檔管理。

(八)研訂保母家庭訪視及電話訪談原則並據以實施：包括

  1.訪視頻率：

    (1)已提供家庭托育服務之保母，其家庭訪視以四個月一次為原則（得視保母情況增減之）；電話訪談以四個月一次為原則（得視保母情況增減之）。

    (2)尚未提供家庭托育服務之保母，一年訪視一次為原則並輔以電話訪談。

    (3)媒介成功之保母開始收托三個月內，其家庭訪視以每個月至少一次為原則，並視需要增加訪視頻率。

  2.訪視重點：家庭托育環境安全檢核、保母收托守則等，每次家庭訪視應有不同層次的重點，並應注意是否已協助解決保母上次訪視所提問題。

  3.訪視紀錄：應詳實紀錄保母托育現況、托育難題及協助問題解決、保母托育工作可作改善的項目及後續追蹤。

  4.訪視人員：

    (1)應由專職督導人員或訪視輔導員實施保母家庭訪視，同一保母宜由固定人員為之以求連貫。

    (2)同一分支據點服務區域宜由同一專職督導人員督導訪視輔導員輔導狀況，以利掌握區域內保母托育狀況。

    (3)得依保母特質、類型、困擾，由不同專職督導人員或訪視輔導員，來進行不同層次與重點之訪視。

  5.其他由系統訂定之家庭訪視原則。

(九)研訂保母考核（托育環境檢核、參加在職研習、遵守保母守則）及退出機制，並據以要求下列保母退出系統：包括

  1.不願接受媒合提供服務者。

  2.不遵守保母收托守則者。

　　　　3. 經檢查患有傳染疾病者。

　　　　4. 其他經承辦單位考核其身心不適任保母工作者。

　　(十) 定期召開執行檢討會議並作成紀錄備查。

　　(十一) 接受補助購置之器材設備應列冊妥適運用管理，並納入移交。

　　(十二) 不得向服務對象收費及要求捐款。

　　(十三) 接受與處理家長、保母對本系統之相關申訴事宜。

　　(十四) 安排專職督導人員及訪視人員每年在職訓練每年至少二十小
　　　　　時，訓練內容應採理論及實務並重原則辦理。

　　(十五) 媒合成功後送托初期六個月內，與家長電話訪問每個月至少
　　　　　一次為原則，評估瞭解家長服務使用狀況。

　　(十六) 辦理社區托兒講座、親子活動，開放社區家長參與。

　　(十七) 其他有關系統一致性的作業。

四、保母人員：遵守下列保母收托守則。

　　(一) 具托育服務之熱忱並願意接受媒合。

　　(二) 擬定托育服務計畫表，按時填寫托育紀錄表或製作嬰幼兒成長
　　　　日誌。

　　(三) 保母及其家人不得有虐待、疏忽等違反兒童及少年福利法之行
　　　　為。

　　(四) 至少二年一次定期身體健康檢查。

　　(五) 接受承辦單位家訪與輔導。

　　(六) 每名保母之收托幼兒人數（含保母本人之幼兒）以四人為限，
　　　　其中未滿二歲者最多二人。同一場所收托達五人應即申請托育
　　　　機構設立許可，並退出保母系統，改由地方政府督導。

　　(七) 參加保母系統辦理之在職研習，每年至少二十小時。

　　(八) 在托育時段內應專心托兒，不得有其他酬勞報償之兼職工作。

　　(九) 其他保母系統規定之守則。

拾壹、專業人力：

一、承辦單位應至少配置專職督導人員一人，職司保母系統之規劃與執
　　行。另得以專任或兼職方式配置訪視輔導員若干人，協助督導人員

辦理保母系統之推廣及家庭訪視。

二、前項專職督導人員需具有二年以上兒童福利工作經驗之大專以上社會工作或兒童福利相關科系畢業、或非相關科系畢業但具有兒童福利機構或團體直接服務三年以上經驗。訪視輔導員需具備保母工作經驗三年以上（依保母技術士證認定）並以加入二年以上系統內之優質保母優先擔任為原則。

拾貳、本局補助經費之項目及基準，另依年度預算編列情形逐年訂定之。

拾參、承辦單位未依核定計畫執行或未善盡督導之責，除依相關法令辦理外，三年內不得再申辦本計畫，並應繳回已撥發未執行之補助經費及相關設備。

附錄 3　中州科技大學即測即評即發證技術士技能檢定 ——保母人員術科檢定試場

清潔區	調製區

遊戲學習區	醫護安全區

考生報到區	

第七章　特殊幼兒教保

黃娟娟、吳金香

　　教育是國家的施政指標，而特殊教育更是國家穩定、經濟發展、社會繁榮的象徵。身心障礙幼兒受到先天或後天因素之影響，在學習和發展上可能較一般幼兒遲緩或有其限制，但是只要接受適當的教育及安置，仍然可能發揮出最大的學習成效，幫助身心障礙幼兒減少對他人的依賴、學習獨立生活。更重要的，是養成他們健全的生活態度。身心障礙幼兒因障礙類別、程度等之不同而有其特殊的教育需求，本章將以深入淺出的方式，針對有關特殊幼兒教保的關鍵概念做說明，如：個別化教育方案（Individualized Education Program，簡稱 IEP）、知動訓練、早期療育、融合教育、轉銜服務、鑑定輔導安置、語言治療、職能治療、物理治療、藝術治療等。希望能幫助大眾對特殊幼兒教學和保育之議題有更深入的認識，一起協助特殊幼兒學習成長。

壹、個別化教育計畫／方案

　　依照《特殊教育法》第 18 條、19 條規定（教育部，2013），特殊教育與相關服務措施之提供及設施之設置，應符合適性化、

個別化、社區化、無障礙及融合之精神。且特殊教育之課程、教材、教法及評量方式，應保持彈性，適合特殊教育學生身心特性及需求。「個別化教育方案」（IEP），是以個別化的教學為基礎，針對需要特殊教育服務者，為個別或同質小組所擬定的教育計畫（許天威、徐享良、張勝成主編，2005；林素貞，2007）。

　　1975 年美國的 94-142 公法中特別規範個別化教育計畫的實施與落實，以提供三～二十一歲的殘障學生接受適當的公費教育（何華國，1992）。我國於 1997 年修法發布《特殊教育法》第27 條，1998 年修訂發布《特殊教育法施行細則》第 18 條、第 19條，將 IEP 列為特殊教育中強制執行的項目。即對每一位接受特殊教育服務的學生，教師應為其設計 IEP，並依所擬定的 IEP 實施教學。

　　依相關規定，當特殊幼兒被發現、轉介且經鑑定需接受特殊教育時，必須有一個由相關的行政人員、教師及其家長所組成的委員會，在鑑定後一個月內就個案進行討論、評估，並做成評估結果，再依評估結果，透過會議，確定教育及相關專業服務之重點及目標，完成個別化教育計畫之擬定，並經家長同意簽章後實施，以作為對該生施以特殊教育的依據（何華國，1992；許天威等主編，2005；林素貞，2007）。

　　一份好的 IEP 要符合個案現有的發展、學習能力與狀況，具有彈性，能依學習進度與實際狀況做修正，並能促進其日後可能達到的最佳學習。教學目標的擬定分為長程、短程兩種方式：各領域之長程目標為該生一學期或一學年要逐步達成的目標，短程目標則是將長程目標依難度、進度，以週或半月為單位分為數個具體明確、可量化、可觀察和可評量的項目，再據以延伸出各項教學活動（洪榮照，2002；林素貞，2007），完整的 IEP 包括以

下內容：

1. 基本資料：姓名、出生年月日、性別、住址及聯絡電話、班級、導師姓名。

2. 團隊成員：學校行政人員、班級導師及相關教學人員、家長（必要時可請本人參與）。

3. 家庭背景：家庭結構及對個案影響較大之成員特質。

4. 幼兒特質：心理測驗及個案在普通班上課及生活會產生影響之身心異常狀況。

5. 評量診斷資料：包括幼兒的學習、生活適應、情緒等的起點行為。

6. 幼兒所需之特殊教育計畫：科目、安置、教育方式、課程安排；長短期目標、學習評量、各教學負責人、教學資源、教學策略、回歸措施等。

7. 必要之相關服務：融合教育、轉銜服務、其他服務（如晤談、諮商、輔導、復健、生活扶助、轉介）及幼兒因行為問題影響學習者，其行政支援及處理方式等。

8. 追蹤輔導：行為簡述及輔導紀錄。

貳、知動訓練

　　知覺動作的發展從個體感覺路徑的建立到感覺動作發展，中樞神經系統逐漸健全、獲致感覺刺激經驗之適當性，而產生認知學習。內在驅動力、學習環境、自由反應的機會，以及與周遭人事物的互動所得到的適當回饋和結果，都是知覺運動發展的要素。感覺統合係一種神經運作的過程，個體透過前庭平衡覺、本

體覺、觸覺、視覺、聽覺、味覺、嗅覺等感覺系統，將來自身體及環境的感覺訊息送到腦部整合、組織，使個體可以有效運用其肢體與環境互動，進而領悟學習。特殊幼兒即因發展過程或要素中某個環節出現問題，例如：前庭功能失調、感覺（觸覺、視覺、聽覺、本體覺）功能失調，而造成發展學習障礙。

知覺動作可分為粗大動作、手部精細動作兩部分。粗大動作係指個體控制自己身體的方式，從嬰兒時期就開始。身體動作發展良好的孩子，比較有自信、獨立，入學後的遊戲運動，更有助於人際互動、影響人格的養成。精細動作為手眼協調和小肌肉控制，與生活自理、操作物品、書寫等能力息息相關。

幼兒的知覺動作訓練內容包括：(1)粗大動作：姿勢控制能力、靜態與動態平衡、兩側協調與動作計畫能力、肢體運用能力、球類技巧；(2)手部精細動作：視知覺能力、手的動作協調能力、視覺動作整合能力、手操作靈巧性；(3)知覺及整合評估：包括觸覺、前庭覺、本體覺、視覺、聽覺、味覺、嗅覺，可進行各種感官知覺的體驗與練習；站、行、跑、跳、翻、滾、韻律活動等大肌肉活動技巧；以及促進小肌肉靈活、手眼協調動作反應的組合積木、拼圖、串珠、配對、排序、塗色、仿畫圖形、摺紙、仿寫等。當幼兒出現知覺動作問題，就必須儘早診斷、及早治療。知動訓練的項目和時程等需視特殊幼兒的發展狀況和需求而定，其目的為：

1. 逐步建立運動功能：抑制不正常姿勢反射，誘發正常姿勢反射的出現。
2. 預防及治療各種攣縮或畸型。
3. 建立功能性的運動模式，如進食、穿衣、盥洗等能力。
4. 經過矯治、減低障礙。

5. 儘量解決行動困難度，使能就學、回歸社會。

　　完整的訓練治療團隊包括復健科、小兒神經科、兒童心智科、骨科、腦神經外科、牙科等醫師；物理治療師、職能治療師、語言治療師、支架裝具師、心理治療師；社工人員；特教老師以及父母或照顧者。不過僅有醫療機構之治療效果有限，還需要日常生活中隨時隨地多動、多練習，因此父母或主要照顧者的態度、配合度才是成敗關鍵。

參、早期療育

　　依照《兒童及少年福利與權益保障法》第 31 條（衛生福利部，2012）規定：中央主管機關應會同衛生、教育主管機關，規劃辦理建立六歲以下兒童發展之評估機制，對發展遲緩兒童，並按其需要，給予早期療育、醫療、就學及家庭支持方面之特殊照顧。父母、監護人或其他實際照顧兒童之人，應配合前項政府對發展遲緩兒童所提供之各項特殊照顧。除此之外，同法（《兒童及少年福利與權益保障法》）第 32 條亦規定：各類社會福利、教育及醫療機構，發現有疑似發展遲緩兒童，應通報直轄市、縣（市）主管機關。直轄市、縣（市）主管機關應將接獲資料，建立檔案管理，並視其需要提供、轉介適當之服務。

　　經早期療育後仍不能改善者，輔導其依《身心障礙者權益保障法》第 6 條、第 7 條（衛生福利部，2013）相關規定申請身心障礙鑑定。亦即，為了讓可能發展遲緩或發展遲緩的孩子能儘早克服發展遲滯的現象、趕上一般的發展水準，或預防功能退化、

減少日後生活產生障礙的機會，以減輕家庭負擔與社會成本，針對個案所提供的個別化、教育和治療性整體服務（周映君，1999），其包括：醫療復健、特殊教育、親職教育、家庭的計畫性支持、福利諮詢等。根據上述規定，早期療育對象涵括發展遲緩、障礙、生理及環境危險群的幼兒，分述如下：

1. 發展遲緩幼兒：感官知覺、動作平衡、運動發展、肌肉張力、語言溝通、認知、社會適應性、心理、情緒發展等方面有全面或部分成熟速度延緩、順序異常或特殊人格發展異常；經診斷其生理或心智狀況有極大可能會導致發展障礙；若未接受早期療育，可能會導致相當的發展障礙。

2. 障礙幼兒：唐氏症、新陳代謝異常、腦性麻痺、脊柱裂等。

3. 生理狀況危險群幼兒：早產、週產期窒息、新生兒呼吸窘迫症候群、黃疸、癲癇、視聽覺異常、持續性餵食困難等。

4. 環境危險群幼兒：貧窮、營養不足、受虐待、未成年父母、嚴重家庭問題等。

早期療育強調介入—治療與教育並重，可減少特殊幼兒功能發展上之差異並提昇其能力，以及早防止不當行為或反應之產生，具實用性與價值性。其目的有四：(1)減緩特殊嬰幼兒發展遲緩的現象；(2)預防發展遲緩嬰幼兒日後造成第二種的障礙；(3)減少社會未來的負擔；(4)發展嬰幼兒之潛能（周文麗、鄭麗珍、林惠芳，2000；周映君，1999）。

介入時間愈早，成效愈顯著。依1997年公布實施之《特殊教育法》規定，身心障礙幼兒之教育向下延伸自三歲開始；零～三歲因不屬於《特殊教育法》之範圍，應由醫療機構負責。在台灣只要經醫院鑑定為「發展遲緩」，均可接受早期療育服務，方式

很多，如：門診、中心式、學前班等。由跨領域的專業人員（職能、物理、心理、語言治療師、社工師等）共同規劃課程，提供需要的服務。家庭在早期療育中也占有相當重要的地位，因而99-457 公法鼓勵將家人納入，共同發展出個別化家庭服務計畫（IFSP）（Bricker & Pretti-Frontczak, 1996，引自第一社會福利基金會譯，2005）。

肆、融合教育

　　融合教育是學前特教重要的安置方式，讓無障礙與障礙兒一起活動學習，以激發其潛能（周寧馨、連明剛，1990；賴美智，1999）。融合教育緣起於對回歸主流問題的改革。在融合式的班級裡，特殊學生就是普通班級的一份子；而回歸則是特殊學生外加到普通班級裡，故他們常會像客人一般缺乏歸屬感，普通班教師和學生也不知如何和他們相處，因而在普通教育和特殊教育間形成了一些問題。1990 年代公布的《障礙教育法案》（the Individuals with Disabilities Education Act, IDEA）提出零拒絕、最少限制的環境（the least restrictive environment）的理念，支持以「最少限制的環境」之原則，去教育原先被摒除在公立學校之外的身心障礙學生（黎慧欣，1995）。強調以融合方式，提供一個正常化的教育環境，將身心障礙兒童全時安置在普通教育環境中和普通同儕一起學習，並以共同計畫、協同教學等方式增進特殊教師與普通教師的合作，讓全班學生都受益（蔡明富，1998；賴美智，1999）。唯有當特殊幼兒無法在融合的環境中獲益時，才可將其移至隔離的環境。

　　融合教育的模式依實施型態大致分為下列五種：(1)小組模式：特殊教師在普通班教室裡的某一區對一組學生進行教學；(2)平行教學模式：特殊教師與普通教師一起進行教學；(3)協同教學模式：特殊教師與一位或多位普通教師組成教學小組，共同負起教室中所有學生的教育責任；(4)協同教學諮詢模式：特殊教師每週部分時段進入普通班協同教學；(5)資源教師模式：特殊教師的主要工作是執行抽離式的方案，但同時提供普通教師有關障礙學生教學與輔導上的諮詢服務（吳淑美，2004）。

　　因此，在普通班進行融合教育，可強調自然情境中的學習，或採多元教學、異質分組、合作學習、活動本位的學習等方式。例如：在相同課程內進行不同類型的學習；採用不同的教學方法、不同的學習活動、不同的評量方式；接受不同的學習成果、或以不同方式展現等（吳淑美，2004）。綜合幼托園所實施融合教育的優點，如顯示教育系統的正向改變、降低特殊教育成本、引發更多人主動關心特殊幼兒；讓特殊兒童有機會就讀普通班；讓普通幼兒與特殊幼兒均蒙其利；有益於普通及特殊幼兒的學習和社會性、特殊幼兒有機會和普通幼兒建立新的互動關係、特殊幼兒有機會接受更多元、高品質的課程和教學及不同教師等（吳淑美，2004）。

　　融合教育並非將特殊幼兒安置在普通班級就好，我們應深思的是，幼托園所的師資、教育環境是否有足夠的資源及支持系統，是否能顧及每一位特殊幼兒的需求以提供適切的服務，同時也應考量特殊幼兒在融合班受益的程度及被接納度。事實上，融合只是一種選擇，仍可能因為種種原因而產生問題，包括：教師能力不足、觀念偏差；特殊教育的部分被忽略；缺乏嚴謹的課程規劃或高品質的個別化教學等。

伍、轉銜服務

　　轉銜服務是為協助特殊教育學生能順利進入下一個學習階段，為未來成功的學習所提供的一系列有目的的活動，服務項目包括：升學輔導、生活、心理輔導、福利服務或其他相關服務等（許天威、徐享良、張勝成主編，2005；傅秀媚主編，2000）。特殊幼兒在轉入新的學習環境時會面臨到一些困難，包括需要學習更複雜的技能、參與新的活動，以及與新老師、新同學正向積極互動等。如果面對不利情境，將會增加問題行為發生的機率，甚至導致日後更大的遲緩與障礙，因此隨著特殊幼兒的成長、學習階段的改變和就職，轉銜服務成為持續不斷進行的過程（蔡桂芳，2002；林宏熾，1999）。

　　依據《特殊教育法》第28條規定：高級中等以下各教育階段學校，應以團隊合作方式對身心障礙學生訂定個別化教育計畫，訂定時應邀請身心障礙學生家長參與，必要時家長得邀請相關人員陪同參與。《特殊教育法》第31條更加以規定：為使各教育階段身心障礙學生服務需求得以銜接，各級學校應提供整體性與持續性轉銜輔導及服務（教育部，2013）。

　　良好的早期介入有助於提昇到另一階段的學習，由於生理或心理上的限制，身心障礙者往往需要比普通人更多的協助來度過人生每一個轉變階段（許天威等主編，2005）。特殊幼兒學前及國小課程的銜接非常重要，需要考量其個別需求，配合幼兒生理、智力及家庭等條件差異，以整體性、持續性、良好而縝密的轉銜計畫來協助其面對即將來臨的國小學習生涯，順利度過轉銜

階段。因此，轉銜服務實施對象包括該學年度由幼稚園畢業就讀國民小學之幼兒，及轉換教育安置環境之學生——轉學同縣市或外縣市之公私立幼托園所或機構、從普通班轉至特教班或特教班轉至普通班、申請緩讀通過之幼兒。

轉銜服務的流程如下：擬定個別化教育計畫→召開個別化教育計畫會議→召開轉銜會議→轉銜服務資料通報→學生資料移轉→個案輔導會議→未就學學生造冊追蹤輔導。綜合學者（許天威等主編，2005；蔡桂芳，2002；林宏熾，1999）的見解，轉銜通報的重點在於提供：

1. 進入下一階段所需能力的學習課程——基本學習能力、新環境與新教學適應能力、社會互動能力等。
2. 所需的相關服務。
3. 相關資料：幼兒基本資料、身心狀況評估與能力分析、學習紀錄摘要、評量資料、學習與家庭輔導紀錄、專業服務紀錄及未來安置與輔導建議方案等項目。
4. 個別化教育計畫（IEP）。

陸、鑑定輔導安置

廣義的特殊教育過程包含：鑑別、診斷、安置、教學、評鑑等五個步驟。當疑似特殊教育的對象，或經由教師指認，或經由普查與團體測驗發現者，經由鑑定小組進一步評估後確定其資優或障礙所在，再根據其結果決定安置於何種形式的特殊教育方案，例如：特殊學校、特殊班或資源教室等（傅秀媚主編，2000）。因此「鑑定、安置與輔導」工作的目的在於落實教育機

會均等、篩選真正需要特殊教育者、診斷其個別教育需求、評量其學習情形、給予適當的教育安置，並提供適性教育。

　　依據《特殊教育法》第 17 條規定（教育部，2013），托兒所、幼稚園及各級學校應主動或依申請發掘具特殊教育需求之學生，經監護人或法定代理人同意者，依前條規定鑑定後予以安置，並提供特殊教育及相關服務措施。且各主管機關應每年重新評估前項安置之適當性；監護人或法定代理人不同意進行鑑定安置程序時，托兒所、幼稚園及高級中等以下學校應通報主管機關。除此之外，主管機關為保障身心障礙學生權益，必要時得要求監護人或法定代理人配合鑑定後安置及特殊教育相關服務。

　　「鑑定」指各縣市鑑輔會循多元評量原則，依個案的個別狀況採取標準化評量、直接觀察、晤談、醫學檢查或身心障礙手冊等方式蒐集個案資料，並加以綜合研判的過程（教育部，2002）。學者（郭靜姿、吳淑敏、侯雅齡、蔡桂芳，2006；蔡桂芳，2002；傅秀媚主編，2000）指出，特殊教育學生鑑定的步驟分為：篩選、轉介、醫學診斷及評量、教育安置、教學與評鑑等五個部分；鑑定與安置則包含「轉介前介入、鑑定之基本原理、各類鑑定安置流程、鑑定安置之實施及安置環境及其安置原則」等五大項，主要功能在於確認身心障礙學生之特殊教育需求和障礙特質，提供適性教育安置，或建議所需之專業治療、輔助器材、交通服務、教育調整等相關服務。進行「轉介前介入」的主要目的係考量學生的學習或適應問題，如果能在普通教育環境中得到適當的支援並解決，就沒有轉介的必要，以減少適應新環境的困難，避免標記作用所帶來的影響。

　　行政院 2002 年所頒布的「身心障礙者生涯轉銜服務整合實施方案」內容顯示，經過鑑輔會鑑定與輔導會議之決定所安置的特

殊學生，可視其障礙程度和學習潛能，選擇進入普通班、資源教室、特殊班、特殊學校或養護機構學習。同時進行定期追蹤評估，以了解其生活適應、學業適應及社會適應情形。必要時可根據其學習成效做彈性調整，或再經由「轉介—鑑定—安置」的程序重新加以安置，轉至其他更適當的學習場域（郭靜姿等，2006）。「安置」是一項審慎的工作，參考2005年修訂之「身心障礙者接受社會福利服務轉銜實施要點」，將其內容與流程概述如下：

依據家長及教師觀察結果、學生智力測驗結果和學習表現，或由醫院學校和其他機構轉介。

→篩選並決定接案與否：檢閱學生資料、和轉介者詳談、觀察學生。

→決定是否為服務對象，若為服務對象則進入下一步驟，若非服務對象則直接進入補救教學階段。

→鑑定：取得家長之同意接受鑑定後進一步測驗診斷——個別智力測驗、視動測驗、適應行為等，配合醫療檢查——語言機能、視覺聽覺能力等。

→召開鑑定安置會議或轉介會議。

→依實際需求進行安置，並視情況隨時予以回歸或是轉介。

→定期追蹤評估。

→補救教學。

柒、語言治療

「語言治療」是指有溝通或吞嚥障礙者，藉由語言治療師所

設計的活動和練習，改善溝通技巧或吞嚥功能，使能有效地和他人溝通，或安全的吞嚥與進食（林寶貴、李旭原編著，2008）。是以，有關吞嚥、發聲、語言等問題都是語言治療評估和治療的範疇，從幼兒常見的口吃、構音不全或異常、說話遲緩，到成年人中風後的吞嚥或說話困難、聲帶結節、聽力問題等都包括在內。幼兒的語言治療則是為促進幼兒口腔功能、語言理解及表達能力之發展和正確溝通行為之發展，依個案的能力設計遊戲活動，讓幼兒在個別或團體中主動參與，進而建立良好的人際互動和溝通，以避免或減少問題行為。治療重點在於增進幼兒的語言理解能力、表達能力；改善書寫和閱讀能力、使用溝通輔具等（林寶貴、李旭原編著，2008；傅秀媚主編，2000；何華國，1992）。

有溝通障礙的幼兒會出現如下的情形，幼托園所教師或保育員應多加注意（許天威等主編，2005；傅秀媚主編，2000）：

1. 聽力困難：聽不清楚老師或其他幼兒所說的話，或經常需要一再複述。

2. 聽覺記憶力有問題：聽得懂老師或其他幼兒所表達的內容，但很快就忘記而無法參與討論。

3. 語言理解有問題：聽不懂或無法完全理解抽象的語彙、較複雜的句子，或有幾個轉折的連接詞。

4. 說話有問題：語音不清、嗓音沙啞或有口吃，不容易聽懂他在說什麼。

5. 語言表達有問題：只能發出一些聲音或說幾個字，或常說錯話。

6. 閱讀或書寫有困難：常寫出部首相反、錯別字或自創的字；圖片和文字的比對上有明顯困難，或看不懂文字、簡圖。

7. 生理因素的問題：因智能障礙、自閉症、注意力缺陷、顏面傷殘、唇顎裂、腦性麻痺等先天或後天的生理性障礙，造成語言理解、表達和說話能力的問題。

當幼托園所教師或保育員發現疑似有吞嚥或溝通問題的幼兒時，應儘快建議家長先帶至復健科門診，再由醫師轉介語言治療師，以運用各種測驗和儀器來進行語言的評估、診斷與治療，給予抽離式的個別訓練及團體訓練，或進入班級參與教師的教學。必要時可進行一對一的治療，並提供溝通障礙與吞嚥障礙相關之醫療與社會資源等諮詢。

應接受語言治療的對象與原因包括（何華國，1992；傅秀媚主編，2000）：

1. 聲音異常：說話的音調、音質、音量不正常，最常見的原因是聲帶結節、聲帶息肉、喉炎等。

2. 構音異常：說話的語音不正確或不清楚，包括聲符、韻符及聲調的語音發音錯誤等，像俗稱的「大舌頭、臭乳呆」，可能是發音器官的生理問題，或發音部位不正確、習慣不良等問題所造成。

3. 吞嚥障礙：包括嬰兒吸吮動作障礙、不能有效咀嚼（非牙齒問題）、食物咀嚼後沒有辦法帶到咽喉、口部和舌頭的動作與協調問題、咽喉期的反射動作遲緩等。

4. 失語症：因腦外傷、中風、老人癡呆症等造成腦部損傷，失去運用語言表達的能力，或無法理解別人的意思。

5. 語言發展遲緩：語言發展過程比一般幼兒遲緩、語言理解和口語表達有障礙者，如腦性麻痺、自閉症傾向、唐氏症等造成的神經障礙、情緒障礙等。

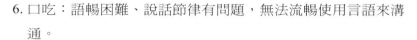

6. 口吃：語暢困難、說話節律有問題，無法流暢使用言語來溝通。

7. 聽力障礙：因為聽覺器官或神經受損，無法聽到聲音，或只聽到殘缺扭曲的聲音，影響語言學習。無法正確的運用聲音及構音器官來說話，也影響語言理解和口語表達能力。

8. 喉切除者：因喉癌或意外傷害，經外科手術切除咽喉及聲帶，造成永久性失聲，需要使用助講器或「食道語」來做口語溝通。

9. 腦性麻痺：腦神經障礙造成無法正常地控制唇、舌等口腔器官肌肉的活動與協調，導致構音異常或吞嚥障礙的現象。

10. 唇顎裂：口腔唇顎部位有裂縫，造成構音困難及鼻音過重。

 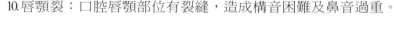

捌、職能治療

　　職能治療是透過日常的職能活動來促進人們健康與安適，以能充分參與生活的一種專業，包括評估、治療及諮詢三部分（林寶貴、李旭原編著，2008；李怡君，2004）。根據世界職能治療師聯盟（World Federation of Occupational Therapists, WFOT）的定義，所謂職能治療，是指藉由有目標活動（purposeful activities）來治療或協助在生理、心理及社會功能上有障礙的病人，使其獲得最大的獨立性生活，預防畸型、維持健康。也就是從個人、環境和活動三方面來增進人們參與日常職能活動的能力，使能擴展個人參與日常生活的深度及廣度，提昇健康和安適程度。「使病童能自己獨立生活」，就是職能治療的最終目標（傅秀媚主編，2000）。

　　職能治療的專業特色在於經過完整的評估、了解病童所剩餘的和失去的功能，設計適合的治療性活動來訓練病童的能力，學習適應技巧，改善生理及心理功能，克服障礙、激發潛能，以改善功能（李怡君，2004；傅秀媚主編，2000）。服務對象可從剛出生的嬰兒到老人，治療內容在重建病人的感覺動作、社會心理與認知上的能力，協助病人在居家、學校及社區能有自我照顧、工作角色，及娛樂上建立獨立自主能力。在治療的過程中治療師需與個案形成合作關係，引導個案成為主動參與及主動解決問題者。

　　進行幼兒的職能治療，首先要了解幼兒在家庭、幼托園所等不同情境中的日常生活自理、適應、學習、遊戲技巧和人際互動等職能表現，再藉由與家長和幼兒晤談、測驗、情境觀察等方式，了解並分析其生活功能受限的原因後設計特殊活動，或運用特製輪椅、特殊湯匙等輔具來增進其獨立自主的能力（傅秀媚主編，2000）。例如：減痙攣活動及增強肌肉張力活動、被動關節活動運動、姿勢控制、動作平衡協調訓練、肌力訓練、速度及敏捷度訓練、手功能訓練、身體知覺訓練、口腔功能訓練、認知訓練、功能性視覺評估與訓練、日常生活自理訓練、感覺統合治療、團體治療、社交技巧、人際關係訓練、親職諮詢等。

　　幼兒職能治療的對象包括：腦性麻痺、腦部發育異常、發展遲緩或障礙、智能不足、神經叢損傷、肌肉萎縮、過動暨注意力缺陷症候群、動作協調障礙、情緒障礙、感覺統合功能障礙、學習障礙、書寫障礙，以及廣泛性發展障礙（例如：自閉症、亞斯伯格症）、染色體異常（包括：唐氏症、小胖威利、貓哭症、X染色體脆折症等）。

玖、物理治療

　　物理治療是預防、治療及處理因疾病或傷害所帶來的動作問題的醫療康復專業，利用光、電、水、冷、熱、力等物理因子和方法及運動治療，來評估並治療病患的問題，是現代與傳統醫學中非常重要的一環（林寶貴、李旭原編著，2008；傅秀媚主編，2000）。例如：利用微波能造成水分子的震盪可以加熱食物的特性，震盪人體組織內的水分子，提高深部組織的溫度，加速血液循環，有減輕疼痛的效果，也促進患部的癒合速度。執行此醫療專業的從業人員稱為物理治療師，擅長疼痛處理、肌力訓練、心肺功能訓練、增進關節活動度、小兒物理治療等。常會以對病人最適當之物理治療方法，有效地直接幫助或支援腫瘤科、神經內外科、骨科、心臟內外科、牙科、婦產科等醫療專科。在美國有整脊師（chiropractors）或骨醫師（doctors of osteopathy）等專業人員會使用類似物理治療的治療方法，而華人則有傳統的中醫師或是國術館等會進行推拿按摩等類似物理治療的療法。

　　特殊幼兒因為腦性麻痺、腦傷或其他因素造成肢體協調、動作障礙等等問題，進行非傷害性、非侵入性、非藥物性的物理治療，可減輕疼痛、增強肌力、延緩或避免肌肉萎縮、減輕肌肉痙攣、增進血液循環、增進關節活動度與操作機能、伸展軟組織。小兒物理治療項目有：斜頸、臂神經叢受傷、腦性麻痺、心智動作發展遲緩、脊柱裂等。提供被動運動、主動運動、阻力運動、墊上運動、輪椅運動、步態訓練、肌力、耐力、協調運動、放鬆運動、姿勢矯正、本體感覺神經肌肉誘發技巧、動作學習、動作

控制與發展等。物理治療所使用的器材和項目包括：

1. 光療：紫外線、低能量雷射。
2. 電療：低頻電刺激、中頻干擾波。
3. 水療：溫水、冷水、熱水、冰水、冷熱水交替治療、水中運動治療。
4. 冷療：冷敷、冰敷、冰按摩、冷氣治療。
5. 熱療：濕熱療、乾熱療、超音波、短波、微波、蠟療、紅外線及熱敷包。
6. 力療：操作治療、牽拉運動、牽引、按摩。
7. 運動治療：主動運動、被動運動、阻力運動、伸展運動、耐力運動、呼吸運動、神經肌肉誘發技巧、發展治療、協調運動、姿勢矯正療法、行走訓練、輔具（枴杖、輪椅）訓練、平衡及協調運動、功能性運動等（傅秀媚主編，2000）。
8. 徒手治療：關按摩、節鬆動術、筋膜鬆弛術、其他特殊技巧等。

 # 拾、藝術治療

　　藝術是一種表達個人內在情緒或情感、自我發現、自我與外在世界溝通的管道，人們可以從創作活動的過程來抒發情緒，作品則是一個能呈現個人內在問題的診斷工具。因此藝術治療的藝術創作是一種非語言的溝通媒介，可用來輔助病人和治療師之間言語溝通的不足或偏頗，其歷程就是一個治療的過程。

　　藝術能幫助兒童以較健康的方式與人相處、紓解情緒、建立自信、協助社交技巧（Junge & Asawa, 1994）。藝術治療又稱藝

術心理治療、表現性或創造性治療，是結合心理治療與表現性藝術（例如：音樂、舞蹈、戲劇、詩詞、視覺藝術等）兩大領域的心理衛生專業（陸雅青，2000）。藝術治療的方式、過程、聯想非常重要，反映出人格特質、人格發展和潛意識（Wadeson, 1980）。在藝術創作過程中，藝術治療師提供一個中性而安全的環境，支持個案自發性的表達，五花八門的藝術媒材都能提供特殊的治療效果，兒童情感達到轉移作用，也因此能透過作品了解個案的情感與想法（陳鳴譯，1995；陸雅青譯，1997）。

　　身心障礙幼兒常因為語言發展遲緩、情緒困擾等問題，無法適切表達出自己內在的想法、困難或需求，也因而造成輔導或治療上的困難。透過藝術治療，讓特殊幼兒藉由藝術創作的過程去抒發、表達內在的意念，也讓治療師可以發現到孩子真正的困難和問題。藝術治療的方式包括：自我認識、自我探索、遊戲活動、造型活動、角色扮演，及團體治療、家庭治療等等。以下列出較常運用的方式：

1. 開放式畫室：透過繪畫藝術創作的方式，藝術治療師在畫室裡準備好各式各樣的顏料、蠟筆、紙張、工具、不同材質的物品等藝術媒材，在一個固定時段之內，開放給所有想參與藝術創作治療的幼兒。繪畫與美勞創作是自由、非嚴謹結構的藝術治療方式，但需要長時間的專注和穩定，因此可以培養幼兒的專心與堅持度。

2. 運用拼貼加上繪畫、雕塑、手工藝、勞作等美術的方式：提供一些固定的材料和工具，要求作品的內容或形式，藉由有規則、有秩序和可預期的結果，透過非語言表達和溝通的機會來探索個人的問題，此方式不僅可以安撫特殊幼兒身心靈，還可以發掘出孩子的潛能。

3. 音樂治療：是運用在身心障礙幼兒身上很有效的一種方法。可以讓幼兒敲擊各種節奏樂器，或隨著旋律、節奏即興起舞、歌唱。也就是透過音樂引導幼兒專注學習，並在活動中舒發情緒，體驗愉悅的感受。

4. 舞蹈治療：聽到音樂手足舞蹈是人類的本能和天賦，透過肢體的活動，可以觸動生命深處，讓身心障礙的幼兒放開自己、抒發情緒。

5. 戲劇治療：透過角色扮演、戲劇活動的動作和體驗，練習調息與放鬆技巧、增強個人情緒及壓力的釋放和疏導，從群體互動中建立自我與群體的概念、了解與肯定自我，達到心理的連結與整合。對於自閉症、學習障礙、憂鬱症或嚴重情緒障礙的身心障礙幼兒有非常大的助益。

實例分析(一)

語言治療個案實例

實例

小旻是一名四歲七個月的小男孩，進入幼托園所中班就讀時，老師發現他講話非常不清楚，「老師早」會說成「ㄠˇ ㄒㄧ ㄠˇ」、「再見」說成「ㄞˋ ㄧㄢˋ」。和家長溝通後才知道，曾有親友說是舌根太緊，剪一下就會好，但是阿嬤捨不得，認為小孩子「臭乳呆」是正常的，長大就會好，家人因為聽習慣了，也都能了解他的意思，所以不積極也不清楚如何改正小旻說話的問題。

　　老師還發現小旻吃東西常常沒仔細咀嚼就囫圇吞下去，也不喜歡吃較硬的食物。不過因為老師沒修過特教學分，不了解什麼是「構音異常、吞嚥障礙」，也從未接觸過這一類的幼兒，所以並不認為吃東西和說話這兩個問題是有相關的，只是一再要求小旻要慢慢吃，但是效果不好。

　　因為小旻講的話很難聽懂，班上小朋友都排斥他。於是老師建議家長帶到耳鼻喉科門診，經醫師轉介後開始進行語言治療。診斷結果發現，小旻有構音器官神經肌肉控制的問題，也就是口腔動作協調不佳，無法妥善控制和運用自己的口腔肌肉，所以發音不標準（構音／音韻異常），影響到他吃東西和說話。

分析

　　構音器官的發展一般到四足歲後就完全成熟，隨著年齡成長，語言發展也會愈來愈成熟，若幼兒仍然有發音不標準的情形，則需要接受語言治療師的評估與治療。四～六歲是構音／音韻異常的幼兒接受語言治療最適當的時機。小旻接受咀嚼訓練和發音矯正之後，慢慢地改善了口齒清晰度，到幼稚園要畢業時，所說的話已接近正確的語音，人際關係也變得很好。

實例分析(二)

國內學前融合班概況

國內學前階段的融合班，分為社區式和合作式兩種模式。簡述如下：

壹、社區式

普通班裡融入一～二名特殊幼兒，依比例降低普通幼兒人數，教師編制為普通幼教師，課程也以一般幼兒為主，易忽略特殊幼兒的學習需求。

貳、合作式

以普通班加特殊班方式，各編制有普通及特殊幼教師。例如：

1. 新北市國光國小附幼：兩個學前融合班，每班有三十名普通幼兒和四名特殊幼兒，編制兩位普通幼教師及一位特殊班教師，課程與教學雖以普通班為主，但會再予調整以符合特殊幼兒需求。

2. 伊甸基金會鳳山區早療中心，以三名輕度身心障礙幼兒加上三倍（9名）普通幼兒組成融合班，編制兩位學前特教師。

3. 新竹教育大學附小學前融合班，每班特殊幼兒滿八名，給兩位特幼教師，未編制普通教師。

4. 新竹縣竹北國小、新竹市載熙國小學前融合班、西門國小學前融合班及新竹市立幼稚園學前融合班，都是由學前啟智班五名學生加上兩倍（11名）普通幼兒所組成，各有兩位學前特教師。

5. 南投縣水里國小附幼：二十四名普通幼兒加四名特殊幼兒，配置兩位普通教師及兩位特殊教師，課程與教學以普通幼兒為主，再依特殊幼兒的需求加以調整。

6. 彰化啟智學校學前融合班：六名啟智班幼兒加上兩倍（12名）普通幼兒，有兩位特幼教師及一位助理教師。

7. 嘉義大學附小附幼：有一班融合班，招收五名特殊幼兒及十五名普通幼兒，編制兩位幼教及特教雙證照合格教師，每學期再依實際狀況配置一～二位實習教師。每週安排固定的個別輔導時段，課程雖以普通幼兒為主，但教師會依實際狀況彈性調整活動，或隨時給予個別、小組輔導。

8. 高雄市左營國小附幼：共三班學前融合班，每班有二十名普通幼兒和五名特殊幼兒，有一位普通教師、一位學前特教師及一位實習教師。課程與教學以普通班為主，教師會加以調整以符合特殊幼兒需求。

～知動訓練有助幼兒肢體協調能力發展～

～職能治療可重建特殊幼兒的感覺動作、

社會心理與認知上的能力～

參考文獻

中文部分

何華國（1992）。**特殊教育概論**。台北市：五南。

吳淑美（2004）。**融合班的理念與實務**。台北市：心理。

李怡君（2004）。**臺灣醫療院所復健科生理疾患職能治療品質指標之初立**。私立中國醫藥大學碩士論文，未出版，台中市。

周文麗、鄭麗珍、林惠芳（2000）。台灣早期療育的發展與未來展望。**文教新潮**，**5**（4）。

周映君（1999）。早期療育與職能治療。**高醫醫訊月刊**，**18**（9）。

周寧馨、連明剛（1990）。特殊幼兒教育需求與成效探討。**特殊教育季刊**，**37**，27-31。

林宏熾（1999）。**身心障礙者生涯規劃與轉銜教育**。台北市：五南。

林素貞（2007）。**個別化教育計畫之實施**。台北市：五南。

林寶貴、李旭原（編著）（2008）。**特殊教育學名詞辭典**。台北市：五南。

洪榮照（2002）。撰寫個別化教育計畫之建議。載於國立台中師範學院特教論文集。台中市：國立台中師範學院。

教育部（2002）。**身心障礙及資賦優異學生鑑定原則鑑定標準**。台北市：作者。

教育部（2013）。**特殊教育法**。台北市：作者。

許天威、徐享良、張勝成（主編）（2005）。**新特殊教育通論**。台北市：五南。

郭靜姿、吳淑敏、侯雅齡、蔡桂芳（2006）。鑑定與安置。載於「全國資優教育發展研討會」手冊。台北市：教育部。

陳　鳴（譯）（1995）。T. Dalley 等著。**藝術治療的理論與實務**。台北市：遠流。

陸雅青（譯）（1997）。M. L. Rosal 著。**兒童藝術治療**。台北市：五南。

陸雅青（2000）。**藝術治療團體實務研究——以破碎家庭為例**。台北市：五南。

第一社會福利基金會譯（2005）。D. Bricker, & K. Pretti-Frontczak 編著。**嬰幼兒評量、評鑑及課程計畫系統Ⅲ——3 歲至 6 歲的 AEPS 測量**。台北市：心理。

傅秀媚（主編）（2000）。**特殊教育導論**。台北市：五南。

蔡明富（1998）。融合教育及其對班級經營的啟示。**特殊教育與復健學報，6**，349-380。

蔡桂芳（2002）。發展遲緩兒童幼小轉銜服務。載於**國立台中師範學院特殊教育論文集**（頁 164-172）。台中市：國立台中師範學院。

黎慧欣（1995）。**國民教育階段教師與學生對融合教育的認知與態度調查研究**。台師大特教研究所碩士論文，未出版。

衛生福利部（2012）。**兒童及少年福利與權益保障法**。台北市：作者。

衛生福利部（2013）。**身心障礙者權益保障法**。台北市：作者。

賴美智（1999）。淺談融合式學前教育。**兒童福利，55，**
27-31。

英文部分

Bricker, D., & Pretti-Frontczak, K. (1996). *AEPS measurement for three to six years* (Volume III). Baltimore, MD: Paul H Brookes.

Junge, M. & Asawa, P. (1994). *A history of art therapy in the United States*. Illinois: American Art Therapy Association.

Wadeson, H. (1980). *Art psychotherapy*. New York: John Wiley & Sons.

第八章　新住民幼兒教保

張茂源、吳金香

　　兒童是學習權的主體，不因其種族、國籍、性別之不同而有差別的待遇，即使是新住民子女亦是如此。近年來，這批新住民子女正值入學階段，新住民子女的自我概念、語言發展、對於文化的認同、在幼兒園的同儕關係等，都會影響新住民子女的學習適應。本章將探討新住民幼兒教保相關關鍵概念，針對日益增多的新住民子女進入幼兒園就讀所引發的種種生活適應課題，藉由個案幼兒觀察紀錄實例，期能使幼兒園教育工作人員對新住民幼兒有更深入的了解，使新住民子女在未來校園學習生活都能獲得尊重，使來自各種不同族群、文化背景的人們，都能共存共榮地並存於台灣社會之中。謹就新住民幼兒教保關鍵概念列述如下。

壹、文化資本

　　Marx 在其 1867 年出版的《資本論》一書中將資本視為一種創造物品或服務的循環過程之「循環資本」，社會對立階級是資本分配的不平等所致。Bourdieu 則認為資本不侷限於經濟，更進一步擴大資本的意義範圍，指出資本可分為四種形式，即經濟資

本、文化資本、社會資本、象徵資本（邱天助，1991；Bourdieu & Richardson, 1986）。

所謂文化資本（cultural capital），指的是知識能力的資格，此種資本是從學校生產或家庭傳承下來，與家庭關係密切相關，特別強調家庭與學校對學生的影響。此種資本在特定的條件中可轉換為經濟資本或以教育資格的形式制度化，因此，在探討家庭或學校是否與學生生活適應及學習成就相關時，此項資本是重要的研究指標。

文化資本常透過具體內化形式、客觀化形式、制度化形式等型態形塑個人社會化。在兒童早期教育中，家庭組織扮演著重要的教育角色，透過家庭教育的傳承與累積，孩子的思想、語言、行動受到所屬家庭階級的影響甚深，在不同程度、不同階級及不同社會階級中，透過無意識的文化資本，具體內化於行為中，形成了代表某個階級特殊明顯或隱藏的印記。隨著年齡漸增，對文化產品的鑑賞、涵泳，約定成俗、長期不變的合法性價值、社會性認可，例如教育文憑、學歷或從有名望的大學出身等客觀化、制度化型態文化資本的影響，個人社會化於焉成形（吳毓真、翁福元，2008）。

由上可知，文化資本的形成是社會中文化資本不公平分配所導致，在家庭中擁有豐富的文化資本、家庭中父母提供關心孩子時間較長者，在先天上就占有優勢。不同談話間，中上階級使用精緻化的語言；同時，在一般教科書及課程教學裡普遍使用精緻化的語言情形下，新住民幼兒的學習過程及教育機會與中上階級家庭出身的幼兒相比，明顯較為不利。翟本瑞（2002）的研究結果也發現，由於高教育家長具有較高的精緻文化資本，可以讓其子女學習、取得更多的文化資本，且隨著就讀年級愈高，文化資

本的影響就愈明顯。

貳、文化認同

　　文化是區別族群重要因素，文化的因素影響了個人對族群的態度，而族群的結果則相對決定了文化的價值觀。譚光鼎和湯仁燕（1993）認為，「文化認同」（cultural identity）是指個人接受某一特定族群之文化的態度與行為，並且不斷將該文化之價值體系與行為規範內化至心靈的過程。文化認同的取向可能是同一民族的人，對其族群文化的一種接受與內化的過程，也可能是某一民族對其他族群文化的接受態度（姜明義，2003）。林淑媛（1998）指出，文化認同的型態包含：(1)雙認同取向：對於本族傳統文化和社會主流文化都接受，並且有能力加以整合調適；(2)本族文化取向：排斥並抗拒主流族群文化，但對於本族傳統文化具有強烈的向心力；(3)雙疏離取向：即不接受主流文化的涵化，也喪失族群文化的傳承；(4)主流文化取向：拋棄傳統文化而完全接受多數族群的文化規範。

　　吳瓊洳（2008）認為，文化認同以文化象徵或風俗習慣、儀式等作為認同的基礎。從個人而言，文化認同影響個人的思考模式及行為，當個人認同所屬的族群文化後，才會產生休戚與共的情感，以身為族群的一份子為榮。從社會的角度而言，社會成員對族群文化的認同感，除了能提供成員內聚的基礎，也將彼此融入社會關係的網絡中，藉著這份共存共榮的認知和情感，族群成員得以互相信任與支持，藉以維繫族群在整個社會體系中的地位。

　　Tajfel（1982）認為，每一個個體需要一種穩固的群體認同，

藉以安頓身心與隸屬感，倘若個體和自我意識與所屬族群文化之間產生關聯，個體將朝向正面、積極自我概念的建立。同樣的，如果社會主流文化對待某一族群之文化是抱持不尊重的態度，這個族群的成員便存在著負面認同的危機。

　　就國內之新住民幼兒而言，他們面臨了母親原生國文化認同與對社會主流文化認同之挑戰，當他們面臨文化之差異時，是否堅持對母親原生國文化的認同感，導致與台灣社會主流文化的格格不入；或是對母親原生國與台灣社會主流兩種文化產生一種調適性的文化統合，這些都將影響新住民幼兒的價值觀與發生適應上的困難（吳瓊洳，2008）。

 # 參、文化差異

　　族群資本理論者認為，在主流族群夾縫中生存的少數族群，有些是世代長期居住於本地的原住民，某些則是強迫變成商品遷徙而來的族群，也有的是自願移民過來，新住民及其子女便是其中一例。不論少數族群發展過程為何，都需要面對如何與主流族群相處的共同問題，並保存族群文化、維持族群在主流社會中爭取向上流動的機會（譚光鼎，1998）。新住民幼兒是否受到文化差異的影響，導致教育過程中受教機會的不公平對待，了解文化差異便成為剖析新住民幼兒學習與生活適應的重要課題。

　　譚光鼎（1998）認為，文化差異係指少數族群受到文化剝奪與文化衝突兩種因素，導致少數族群家庭文化不利的現象。所謂文化剝奪（cultural deprivation）是指家庭及社區環境缺乏文化刺激，使得少數族群學生在語言、認知及社會發展上產生遲滯的現

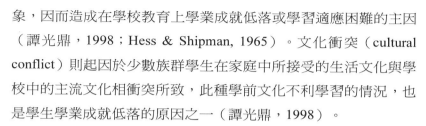

象，因而造成在學校教育上學業成就低落或學習適應困難的主因
（譚光鼎，1998；Hess & Shipman, 1965）。文化衝突（cultural
conflict）則起因於少數族群學生在家庭中所接受的生活文化與學
校中的主流文化相衝突所致，此種學前文化不利學習的情況，也
是學生學業成就低落的原因之一（譚光鼎，1998）。

　　新住民幼兒生活在文化刺激較不足，以及認同霸權、順從主
流支配的環境學習過程中，不僅喪失了自己的文化，甚至喪失了
論述權，成為沉默的群體和啞言的底層人民。新住民幼兒被視作
符應於階層的低成就社會地位的族群，此種刻板印象充斥於幼兒
園教育的意識形態中，新住民幼兒也自我應驗此現象，對於新住
民幼兒的學習是相當不利的。

肆、自我概念

　　自我概念是個體人格形成與發展核心，也是影響個體學習表
現與成就因素。尤其對新住民子女而言，因特殊的家庭背景與身
分，自我概念更是人格發展的重要向度。

　　Rogers（1970）認為，自我概念是個人對自己多方面綜合的
看法，是個體如何看待自己的一種理論架構。自我概念的發展可
分為真實的自我及理想的自我兩種；前者又稱為「現實我」，後
者係以現實我為基礎，個體逐漸發展之「理想我」。準此，自我
概念包括個人對自己能力、性格，以及與人、事、物之關係諸多
方面，也涵蓋個人從目標與理想的追求中成敗的經驗，自己所做
的正負評價。Harter（1999）指出，自我概念是個體對認知能力、
身體外表、社會接受等不連續的特定領域特質所做的評價判斷。

Berk（2003）則認為，自我概念是個體相信自己能決定他／她是誰的一套特質、能力、態度和價值。

國內學者郭為藩（1996）將自我概念分為身體我（body image）、社會我（social self）、人格我（self-identity）三個向度。認為個人在適應外在環境的活動中不時意識到自我這個可察覺、可認知的涉入於行為中的客體就是自我概念。自我概念是一個人對於自我形象及有關人格特質所持有的整合知覺與態度。個人對其自我形象通常能加以辨識，並持有歸屬的覺知，同時表現某種程度之喜惡、拒納的態度。張春興（2002）指出，自我概念係個人對自己的看法，他是什麼樣的人，他能夠做什麼事。換言之，人對自己多方面知覺的總和，包括個人對自己性格、能力、興趣與慾望的了解；個人與別人和環境的關係；個人處理事務的經驗；以及對生活目標的認識與評價等。

由於外籍配偶來自不同文化地區，加上國人對新住民幼兒的刻板印象，對新住民幼兒偏差的行為態度，導致許多新住民幼兒在進入校園就讀後，受到同學的取笑與歧視，在自我概念發展上出現混淆的現象，直接或間接產生適應上的問題。

伍、同儕關係

同儕關係是幫助兒童社會化並提供社會支持的力量。在兒童的社會發展過程中，同儕扮演著極重要的角色，經由同儕互動，兒童可以發展興趣，學習與他人相處的方法（陳奎熹，1990）。陳滄鉦（2006）指出，同儕關係為一群年齡相近且具有同等地位的人們交往互動的情形，對兒童的重要性而言，是情感和支持的

重要來源，也是形成自我概念、自我評價、態度和價值觀的方式。

　　在兒童社會化發展過程中，除了父母兄弟姐妹之外，對個體行為發展影響最大的莫過於同儕團體（peer group）。新住民子女從同儕友伴互動關係中，發展其樂趣及學習社會技能，並建立積極適切的自我概念。就認知發展論而言，同儕互動對兒童發展有正向的結果，兒童在同儕關係上是平等的，兒童有機會去經歷到意見衝突及解釋的考驗，必須和同儕協商並討論彼此的觀點，以決定採用或拒絕同儕的意見（陳滄鉦，2006）。

　　比較行為論者認為在兒童同儕互動中，兒童藉由經驗學會在不同情境中運用何種策略是最有效的。兒童進入學校就讀後，與他人接觸更頻繁，人際之間的需欲與衝突愈形增加，互動的經驗也更多，由此促進兒童社會人格的正常發展（陳滄鉦，2006）。Erikson則指出，青少年階段的友伴關係使個人產生認同，親密的友誼經驗則提供自我價值增加的機會，協助自我知覺（self percep-tion）（陳若男，1993）。社會學觀點主張同儕團體確實是學生社會化歷程的重要因素，就兒童行為而言，在同儕團體的日常活動中，兒童已有他們自己的社會規範和成功失敗的判決標準。經由同儕團體中與人交往獲致的成敗經驗，個人的自我概念由過去父母影響所建立的自我形象，加以重新檢查、評估（張春興，1989）。藉由同儕關係，兒童可以體驗校園生活的另一面，並嘗試扮演各種新的社會角色（陳奎熹，1990）。

　　同儕往往是新住民幼兒模仿的對象，對新住民幼兒來說，其行為可藉由觀察別人的行為和別人行為結果來學習，而新住民幼兒學習的行為亦可由觀察模仿他人行為結果而修正。新住民幼兒與班級同學互動，若一直處於緊張狀態，對於學習或同儕關係必定產生不良影響，且隨著與同儕互動及衝突經驗的增加而逐漸捨

棄自我中心。加上國人對東南亞文化了解甚少，多元文化教育觀念接觸不足，有的老師可能對新住民幼兒有刻板印象，造成新住民幼兒的心理自卑感，例如：遭致恥笑或異樣的眼光、不正確的教學偏見與教師期望、對新住民幼兒產生過度關注或負向期望等等，在心理、語言文化和人際關係溝通互動的不良多重壓力下，更成為學校教育機會上弱勢的一群（蔡銘津，2006；譚光鼎，1998；Kao & Thompson, 2003）。

 # 陸、語言發展

　　家庭在兒童發展的過程中扮演極重要的角色，家庭的主要照顧者與其他的成員是兒童認知與行為學習模仿的對象，尤其是語言發展方面更為重要。父母親的語彙、社交人格、知識背景所提供的刺激及互動會影響幼兒的語言發展能力。

　　Lenneberg 在 1967 年提出了「語言學習關鍵期」的說法，認為人類學習語言最容易的階段是在幼年時期，一旦過了關鍵期，當大腦的分化已經成形，此時再開始學習第二語言就會事倍功半了（Lenneberg, 1967）。

　　黃瑞琴（1993）認為，幼兒學習語言主要是由於所在環境的增強作用所引發，語言是經由刺激和反應的制約過程而學習，語言的學習即是一系列刺激反應的連結。認知心理學家皮亞傑（Piaget）主張兒童語言的發展源於兒童智力發展與訊息處理能力連繫的結果，此階段幼兒處於運思前期（約 2～7 歲），只能以自我中心來思考事物，說話方式也是以自我為中心，只說出自己此時此刻所想到的事情（靳洪剛，1994）。持互動論者則認為語言發

展是天生與教養間複雜互動的產物，強調語言主要是溝通工具，語言發展是在兒童與同伴透過某種或其他方式以獲取所需信息之社會互動情境下進行，語言學習需要有利的環境（王雪貞、林翠湄、連廷嘉、黃俊豪譯，2003；Bohannon & Bonvillian, 1997）。

族群資本理論者強調「語言型態」和「溝通能力」如何造成師生間的衝突，導致少數族群學生低成就原因有二，即家庭和學校教學語言的不同和師生溝通方式的誤差。少數族群學生用具體、日常生活經驗為主的語言，特別以方言特性表現出來，在學校無法與老師做有效溝通，因此，不受老師的青睞，導致學習低落（蘇峰山編，2005；譚光鼎，1998）。

新住民幼兒因其母親中文語言能力的限制，無力給予適當的教養，加上缺乏其他親屬的支援與外在環境和經驗的刺激，普遍存在著語言發展方面的問題。同時，語言發展能力不佳導致新住民幼兒在學習、適應方面也產生了困難。

柒、幼兒園生活適應

早期的學者對於校園適應較偏重於學業技能上的適應，而持這種觀點的學者認為，校園主要的工作在傳授一些知識和技能給學生，所以一個學生如果從校園習得較多的知識，或是獲得較高的學業成就，就可以認為其校園適應狀況較為良好。

近年來，對於校園適應的定義已不再單純的重視學習適應而已。學者吳新華（1996）指出，校園適應乃指兒童處於校園環境中，能安適地生活、有效地學習，並與老師及同學間建立和諧的關係。林進財（1992）亦認為，校園適應是學生與校園環境的交

互作用歷程，為一個動態過程，此過程的因應行為，有助於增進學生學習能力、滿足感和自我的實現，並保持學生與老師間良好的人際關係，及校園與學生之間的和諧狀態。也就是說，校園適應雖然為一種過程，但是此種適應的過程卻是為了增進個體在校園中能與環境中的人事物產生和諧互動。因此，視校園適應為學生在校園與校園中的人事物交互作用的歷程，是彼此相互影響的，而此一歷程是學生為了從中獲得學業成就、建立人際關係、發展正向自我而產生的因應過程。

綜合上述，可以發現學者對於校園生活適應的定義，除了早期的學業成就之外，還包含了校園中的人際互動情形、對校園活動的參與程度，以及對進入校園環境所持的態度為何、同儕關係、師生關係、家庭背景等。換句話說，整個生態系統中的各個面向與環節，都會影響兒童在幼兒園的適應情形。在擁有較少的文化資本；文化刺激明顯不足；認同霸權、順應主流支配的學習環境；自我概念不正確的發展、混淆；同儕關係溝通互動不良；語言發展能力不佳等諸多因素影響之下，新住民幼兒的學習是不利的。

捌、啟蒙教育計畫

內政部（2005）公告「外籍配偶及弱勢家庭兒童學前啟蒙服務計畫」，便是為協助外籍配偶、單親、原住民、低收入戶及中低收入戶等弱勢家庭之父母及其兒童，提供有關語文及學習發展能力所需之有利環境，充實學前準備以強化社會適應，減緩其日後學習之障礙。目的在使外籍配偶及弱勢家庭兒童能在學前和其

他中產階級同儕有相當的立足點，參考並運用相關先進國家針對貧窮及移民兒童提供「啟蒙方案」的及早介入，藉以強化兒童早期的語文發展，以及協助照顧者對於幼兒語文發展的了解，提供其認知發展所需的有利情境，進一步降低與一般主流社會兒童之落差。並且由社會福利機構、基金會、相關科系之大專校院向各縣市政府提出申請辦理。內容有指導外籍配偶及弱勢家庭進行家庭環境之整體規劃，協助文化刺激不利兒童及語言發展弱勢兒童必要的語言教育經驗，建構支持體系以提供豐富的學習情境，例如：培訓學前幼托園所教保及工作人員、到家輔導之環境設計策略與閱讀引導、以團體為基礎之親子閱讀與成長團體、規劃結合社區團體之支持網絡、建立各類支持與學習團體，以擴大家庭語文學習服務效果。

實例分析

新住民子女幼兒園生活適應

個案

小名，5 歲男童，媽媽是印尼人。

行為描述

上完一整天的課，老師帶領小朋友排隊準備回家。小華說：「老師，我不要和小名排一起，小名的媽媽是印尼人，小名講話的時候有點怪怪的，聽都聽不懂。」

這時候小君接上一句：「我也不要和小名排一起，小名長得黑又矮，很像黑人，今天玩遊戲的時候，小名還把我推倒。」

小名哭喪著臉說：「我才沒有呢！小華和小君最壞了，是小君笑我白痴，因為早上老師教白尺，我說成白痴，她就一直笑我，我很生氣，所以我才把小君推倒。他們還常常笑我黑人、黑木炭，老師，我才不是黑人、黑木炭。老師叫我唸ㄅ、ㄆ、ㄇ……，每次只要我一開口，同學就會笑個不停，在學校都沒有人要和我玩。」

小華接著說：「我才沒有，每次大家在玩的時候，小名都會跑來吵我們，我和小君都被他推倒過好幾次。是小名自己先不對，我們才不要跟他玩。」

小名補上一句：「我沒有要推倒他們啦，我只是玩的時候動作比較大一點，我不是故意要推他們的。」……

這時候小名哭得更大聲了，留下一臉錯愕的老師。

行為分析

新住民幼兒生活在文化刺激較不足，以及認同霸權、順從主流支配的環境學習過程中，不僅喪失了自己的文化，甚至喪失了論述權，經常成為沉默的群體和啞言的底層人民。

再者，新住民子女在幼兒園中經常受到同學的取笑與歧視、被標籤化，導致在自我概念發展上出現混淆的現象。同時，由於新住民子女對雙重語言的模仿認同有困難，在沒有學習正確的語言發音之下，加上其母親的國語能力不足，無法正確教導子女說、讀、寫的能力，使得新住民子女在入園後，產生語文學習與適應上的問題。

最後，在擁有較少的文化資本；文化刺激明顯不足；認同霸權、順應主流支配的學習環境；自我概念不正確的發展、混淆；同儕關係溝通互動不良；語言發展能力不佳等諸多因素下，新住民幼兒的學習是不利的。

為弭平新住民子女在幼兒園生活適應的困境，幼兒園可以透過多元文化週活動，增進幼兒對新住民子女的認識與了解，進而尊重新住

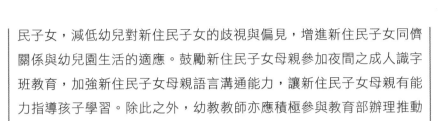

民子女，減低幼兒對新住民子女的歧視與偏見，增進新住民子女同儕關係與幼兒園生活的適應。鼓勵新住民子女母親參加夜間之成人識字班教育，加強新住民子女母親語言溝通能力，讓新住民子女母親有能力指導孩子學習。除此之外，幼教教師亦應積極參與教育部辦理推動之「幼稚園外籍子女教育」種子教師研習，涵養多元包容的素養，並藉此提昇自身的教學能力，以滿足學生多元、個別、適性學習需求。

～透過戲劇欣賞可使幼兒認識不同文化～
～從團體活動中，幼兒與他人建立和諧關係～

· 參考文獻

中文部分

內政部（2005）。外籍配偶及弱勢家庭兒童學前啟蒙服務計畫。2009 年 2 月 27 日，取自 http://www.cbi.gov.tw/CBI_2/upload/caa37208-f797-4092-8864-7ea3e8a2de6a.doc

王雪貞、林翠湄、連廷嘉、黃俊豪（譯）（2003）。**發展心理學**。台北市：學富。

吳新華（1996）。**兒童適應問題**。台北市：五南。

吳毓真、翁福元（2008）。族群、文化、及家庭教育相關資本與新移民子女教育機會相關之分析。載於 **2008 弱勢族群教育政策國際學術研討會論文集**（頁 117-134）。嘉義縣：國立嘉義大學。

吳瓊洳（2008）。新移民子女文化認同之研究──以雲林縣國中生為例。載於 **2008 弱勢族群教育政策國際學術研討會論文集**（頁 223-234）。嘉義縣：國立嘉義大學。

林淑媛（1998）。**台灣原住民學術菁英的教育歷程與族群適應**。國立台灣師範大學教育學系碩士論文，未出版，台北市。

林進財（1992）。**城郊地區國小高年級學生學校適應比較研究**。國立台灣師範大學教育研究所碩士論文，未出版，台北市。

邱天助（1991）。**Bourdieu 文化再製理論之研究**。國立台灣師範大學教育研究所博士論文，未出版，台北市。

姜明義（2003）。**原住民高中學生的文化認同與學校適應──以花蓮高中「原之社」的學生為例**。國立東華

大學族群關係與文化研究所碩士論文，未出版，花蓮縣。

張春興（1989）。**張氏心理學辭典**。台北市：東華。

張春興（2002）。**教育心理學——三化取向的理論與實際**。台北市：東華。

郭為藩（1996）。**自我心理學**。台北市：師大書苑。

陳奎熹（1990）。**教育社會學導論**。台北市：師大書苑。

陳若男（1993）。**兒童手足關係與友誼關係之研究**。國立台灣師範大學家庭教育研究所碩士論文，未出版，台北市。

陳滄鉦（2006）。**新住民子女的同儕關係與學習適應之關係研究——以基隆市國民小學為例**。國立台北教育大學課程與教學研究所碩士論文，未出版，台北市。

靳洪剛（1994）。**語言發展心理學**。台北市：五南。

黃瑞琴（1993）。**幼兒的語文經驗**。台北市：五南。

翟本瑞（2002）。家庭文化資本對學校教育影響之研究——以農業縣山區小學為例。**教育與社會研究，4**，181-195。

蔡銘津（2006）。外籍配偶及其子女的適應問題與輔導。**研習資訊，23**（2），103-110。

譚光鼎（1998）。**原住民教育研究**。台北市：五南。

譚光鼎、湯仁燕（1993）。台灣原住民青少年文化認同與學校教育關係之探討。載於中國教育學會（主編），**多元文化教育**（頁 459-500）。台北市：台灣書店。

蘇峰山（編）（2005）。**意識、權力與教育——教育社會學理論導讀**。嘉義縣：私立南華大學教育所。

英文部分

Berk, L. E. (2003). *Child development*. Boston, MA: Allyn and Bacon.

Bohannon, J. N., & Bonvillian, J. D. (1997). Theoretical approaches to language acquisition. In J. K. Gleason (Ed.), *The development of language* (4th ed.). Boston, MA: Allyn & Bacon.

Bourdieu, P., & Richardson, J. C. (Ed.) (1986). *The forms of capital. Handbook of theory and research for the sociology of education*. New York: Greenwood Press.

Harter, S. (1999). *The construction of the self: A development perspective*. New York: The Guilford Press.

Hess, R., & Shipman, V. (1965). Early experience and socialization of cognitive modes in children. *Child Development, 36*, 869-886.

Kao, G., & Thompson, J. S. (2003). Racial and ethnic stratification in educational achievement and attainment. *Annual Review of Sociology, 29*, 417-442.

Lenneberg, E. H. (1967). *The biological foundations of language*. New York: John Willy & Sons.

Rogers, C. R. (1970). *On being a person: A therapist's view of psychotherapy*. Boston, MA: Houghton Mifflin-Sentry Edition.

Tajfel, H. (1982). Social psychology of inter-group relations. *Annual Review of Psychology, 33*, 1-39.

筆記欄

國家圖書館出版品預行編目（CIP）資料

幼兒教保概論：教保關鍵概念與實例分析／吳金香等著.
--二版. -- 臺北市：心理, 2013.12
面 ； 公分. --（幼兒教育系列；51169）
ISBN 978-986-191-578-4（平裝）

1.幼兒保育 2.學前教育

523.2 102024598

幼兒教育系列 51169

幼兒教保概論：教保關鍵概念與實例分析【第二版】

主　　　編：吳金香
作　　　者：吳金香、林家蕙、張淑玲、黃娟娟、朱如茵、陳昭如、張茂源
執 行 編 輯：陳文玲
總 編 輯：林敬堯
發 行 人：洪有義
出 版 者：心理出版社股份有限公司
地　　　址：231026 新北市新店區光明街 288 號 7 樓
電　　　話：(02) 29150566
傳　　　真：(02) 29152928
郵撥帳號：19293172　心理出版社股份有限公司
網　　　址：https://www.psy.com.tw
電子信箱：psychoco@ms15.hinet.net
排 版 者：鄭珮瑩
印 刷 者：翔盛印刷有限公司
初版一刷：2009 年 9 月
二版一刷：2013 年 12 月
二版三刷：2021 年 10 月
I S B N：978-986-191-578-4
定　　　價：新台幣 250 元